Thomas Hermanns
Sexy Sixty

THOMAS HERMANNS

Sexy SIXTY

MIT CHARME UND SCHWUNG INS NEUE JAHRZEHNT

Lübbe LIFE

Dieser Titel ist auch als Hörbuch und E-Book erschienen

Originalausgabe

Copyright © 2023 by Bastei Lübbe AG, Köln

Textredaktion: Matthias Auer
Umschlaggestaltung: Kamil Kuzin & Hannah Kolling, Hamburg
unter Verwendung eines Fotos von © BENNO KRAEHAHN, Berlin
Satz: Dörlemann Satz, Lemförde
Gesetzt aus der Adobe Caslon
Druck und Einband: GGP Media GmbH, Pößneck

Printed in Germany
ISBN 978-3-431-05047-9

5 4 3 2 1

Sie finden uns im Internet unter luebbe-life.de
Bitte beachten Sie auch: lesejury.de

Für das TEAM THOMAS

Inhalt

Vorwort

Was bedeutete für meine Generation früher das Alter sechzig? Sechzig war ALT. Richtig alt. Das waren sich mit krummen Rücken in Richtung Boden verbiegende Männchen in beiger Funktionskleidung und mit komischen kleinen Hüten. Damen, die im Gegenzug immer mehr Farben kombinierten, selbst wenn diese nicht kombinierbar waren: ein lila Tuch zu einer gelben Jacke zu einer blauen Stoffhose zu immer blonder werdenden Haaren. Der Opa-und-Oma-Effekt setzte ein. Das Thema Rente lachte. Nordic-Walking-Stöcke ersetzten Cocktail Shaker, praktische Wanderschuhe High Heels oder elegante Anzugschuhe. Was eben noch erfolgreiche Menschen in der Mitte des Lebens waren, mutierte nun zu einem beigen Wandertrupp in Richtung Hausarzt. Kein Sex mehr, kein Stil und nur noch Bekannte aus dem Italienurlaub von vor dreißig Jahren. Nächste Station: Rollator.

Natürlich stimmt es, dass man – teilt man das Leben in drei Drittel und rechnet optimistisch mit neunzig Jahren – ab sechzig im letzten Drittel angekommen ist. Aber muss man deshalb alles aufgeben, was einem Spaß bereitet und gut aussehen lässt? Das kann doch nicht sein! *Eben* noch hat man doch die Nächte durchgetanzt, *eben* noch Stadt und Beruf gewechselt, *eben* noch Friseur, Lieblings-Designer und vor allem Lieblings-Popstar ausgetauscht … Und nun? Das Problem ist: Dieses »eben« ist auch schon wieder dreißig Jahre her. Fakt ist für mich, dass die Jahre zwischen dreißig und sechzig vorbeifliegen. Man sagt zwar immer, dass sich das Leben schneller anfühlt, je älter man wird, aber gerade meine Dreißiger, Vierziger und Fünfziger sind für mich turbo-schnell vergangen. Das liegt vielleicht daran, dass man in dieser Zeit sehr mit seinem Job beschäftigt ist, besonders, wenn man einen so schönen und abwechslungsreichen Job hat wie ich. Oder Kinder großzieht, die sicher ebenfalls für genug Tempo sorgen. Oder beides.

Wenn Menschen mir von ihren wichtigsten und aufregendsten Erlebnissen erzählen, liegen die oft vor dem dreißigsten Lebensjahr: erste Liebe und Beziehung, Berufsfindung, Städtewechsel mit Umzug, erste Reisen und Auslandsaufenthalte. Die meisten finden in dieser Lebensphase ihren Rhythmus und ihren Stil, und ab dreißig geht es dann um die Umsetzung, quasi um das Ausfüllen der Planquadrate. Was steht nun im Planquadrat ab sechzig? Für mich steht dort mehr Ruhe, ein gewisses Innehalten und Bilanzieren und wegen des Ausstiegs aus dem Beruf eine entscheidende Zäsur, die vieles ganz neu möglich macht. Ab sechzig kann der Plan neu gemalt werden.

Natürlich gibt es bereits Einschränkungen: Hier und da knackt ein Gelenk, oder erste grundsätzlichere körperliche Abnutzungen kommen zum Vorschein. Darüber sprechen leider viele Menschen mehr als über die Zugewinne – und die sind doch beträchtlich! Der Erfahrungsschatz heißt zu Recht so. Man weiß, wer man ist, kennt seine Stärken und Schwächen, seine kleinen Macken und großen Talente. Man muss so vieles nicht mehr durchdenken oder angehen – man hat schon sehr viel geschafft. Jeden Abend, wenn ich ins Bett gehe, denke ich: »Mensch, Thomas, morgen musst du nicht in die Schule!« Und dann freue ich mich.

Für mich wiegt der Erfahrungsschatz die körperlichen Herausforderungen bei weitem auf. Lieber mache ich eine Dehnübung mehr als noch mal den Herzschmerz der Teenager-Zeit zu durchleben! Lieber gehe ich einmal mehr zum Arzt als zur Berufsberatung! Lieber esse ich einmal weniger fettiges Essen als noch mal kochen zu lernen! Ich bin mit sechzig definitiv erwachsen und weiß, was ich tue. In der nächsten Dekade kann ich meine Fähigkeiten gut anwenden und auf meinen Erfahrungsschatz vertrauen.

Dieses Buch soll ein paar Tricks und Kniffe verraten, wie ich mit dem neuen Jahrzehnt umgehen werde, und erzählt davon, wie man Seniority nicht mit Senilität verwechseln darf! Natürlich sind meine Tricks und Kniffe oft privilegiert durch Status, Milieu, Geschlecht und besondere Begleiter. Ich stelle daher auch mein TEAM THOMAS vor – das sind all die Menschen, die mir beim Älterwerden helfen, sei es als Fachleute in ihrem jeweiligen Bereich (Ärzte, Stylistin, Yoga-Lehrerin) oder als Vorbild (FreundInnen, Verwandte, Mutter und Ehemann). Uns alle verbinden gewisse Fragestellungen und mögliche Antworten für die Sixties. Und in diesem Buch verrate ich zudem, wie ich die Sixties sexy gestalten möchte.

Dazu eine Klarstellung: Sexy bedeutet für mich nicht, mit sechzig in einem Tanga und einem Rihanna-Häkeltop sündig in eine Kamera zu gucken. Sexy ist für mich eine gewisse Art, mit der Welt umzugehen. Nämlich offen, selbstbewusst und ein bisschen flirtend. Sexy heißt für mich, die Welt als Spielpartner anzulächeln und sie zum Tanz aufzufordern. Sie zu umgarnen. Ihr einen Drink auszugeben. In allen Lebenslagen spielerisch und leicht zu agieren, solange man das noch kann. *Diese* Art der Leichtigkeit, das meine ich mit Sexyness, und die fängt für mich im Kopf an. Wenn ich mich selbst nicht mehr begehrenswert fühle, wirke ich auch auf meine Mitmenschen wie eine praktische Tragetasche mit menschlichem Inhalt. Nur weil der Körper zum Teil seine eigenen Wege geht, muss mein Inneres nicht aufhören zu flirten. Erfahren zu sein ist für mich sexy. Wissend zu lächeln ist für mich sexy. Trotz allem immer noch Neuland zu betreten, etwas zu wagen und sich bewusst ins Unbekannte zu stürzen ist für mich sexy. Bewusst heißt hier: mit dem Wissen über mich selbst, das ich erst mit sechzig haben kann.

So kann die neue Dekade doch kommen, oder? Natürlich gehören dazu auch einiges an Energie und etwas Selbstdisziplin: Um Maren Kroymann oder Jeff Goldblum zu werden, muss man sich ein bisschen anstrengen, sonst wird man ganz schnell dieses merkwürdig geschlechtslose deutsche Anorakwesen, das bei jedem Hinsetzen komische Geräusche macht.

Alt im Kopf macht alt. Jung in der Brust geht nach vorn. Lassen Sie uns beides kombinieren und fangen wir gleich mit einem sehr wichtigen Thema an: Sport!

1. Kapitel: Upkeeping

Bis zum sechzigsten Lebensjahr kann man noch alles zum Spaß machen: Da geht man zum Sport – oder eben nicht. Man benutzt Pflegeprodukte – oder eben nicht. Diese Spaßigkeit läuft ab mit der 6 vor der 0. Ab jetzt ist die Selbstpflege nicht mehr diskutierbar, sie wird zur absoluten Notwendigkeit. Allerdings geht es nicht mehr darum, das Gebäude zu renovieren und hübsch zu machen, sondern darum, es instand zu halten. Und dafür muss man Energie und Zeit aufwenden, sonst wird sich das spätestens bei der 7 rächen.

Manchmal hat man fast das Gefühl, die Leute würden gleichzeitig mit dem Ergrauen der Haare ihren Körper verlassen, so als hätten sie plötzlich gar keinen Kontakt mehr zu ihm, weil sie denken: »Ich bin dreißig Jahre verheiratet, mich muss keiner mehr anflirten, ich bin eh nicht mehr begehrenswert.« Mit so einer Einstellung fühlst du dich dann eben wie alte Leute – und siehst auch so aus. Einige glauben vielleicht: »Jetzt habe ich so viel geackert und gerackert, jetzt möchte ich mich ab sechzig mal entspannen.« Ja, das soll man auch. Sogar in ganz vielen Bereichen. Aber das heißt nicht, dass man seinen Körper vernachlässigen darf. Das ist für mich ein falsches Verständnis von Entspannung – das ist Vernachlässigung! Und dieses Nachlassen und sich nicht um sich selbst kümmern, das an ein Lebensalter gekoppelt ist, halte ich für eine große Gefahr. In Deutschland leben wir eh schon im Land der Funktionskleidung. Und zusammen mit einer körperlichen Vernachlässigung beginnt dann jenseits der Sechzig das Unsichtbarwerden.

Dass man so aussieht wie früher, davon muss man sich natürlich weiträumig verabschieden. Und auch davon, dass der Körper so viel leisten kann wie früher. Ich habe in meinen Zwanzigern im Fitness-manischen New York mit Hantelsport angefangen. Damals war das alles noch spielerisch: Du freust dich, was du alles kannst. Dein Körper ist jung. Es geht eigentlich immer voran, du schaffst jede Woche ein bisschen mehr. Das ändert sich im Alter. Da passiert das Gegenteil. Du schaffst eigentlich immer weniger, wenn du nicht ständig mehr Input leistest. Also: Du musst mehr arbeiten für weniger Leistung. Und wenn du in den Spiegel schaust, siehst du trotzdem nicht mehr aus wie 24. Es ist auf jeder Ebene frustrierend.

Spätestens mit sechzig kennt man natürlich auch die Stellen, an denen sich das Fett absetzt. Hat man mit Anfang zwanzig noch gerätselt: »Wenn ich dick werde, dann wo?«, so weiß man es jetzt! Man kriegt es auch wieder weg, allerdings mit viel mehr Arbeit und Anstrengung als früher. Auch dieses grundsätzliche Gefühl, dass alles absackt, muss man akzeptieren. Das ist alles der natürliche Lauf der Dinge. Notfalls muss man am Foto schrauben, damit man zumindest da noch einmal so aussieht, wie man sich innen fühlt. Aber die nackte Wahrheit bei schlechtem Licht vorm Spiegel, die bleibt natürlich eine andere. Das wird sich leider nicht mehr verbessern, denn ab sechzig baut der Körper schneller ab. Es droht eine Abwärtsspirale:

Man lebt ungesünder und unsportlicher, wird atemloser und schnaufiger und bewegt sich dadurch immer weniger. Aber – und jetzt kommt die gute Nachricht: Ab sechzig beginnt eine neue Dekade, in der man wieder mehr Zeit hat – und sie sich unbedingt nehmen sollte – für die wichtigen und richtigen Dinge des Lebens. Noch nie war die Energie, die man auf den Körper verwendet, besser eingesetzt als jetzt. Also: Mehr davon statt weniger! Aber nicht aus Eitelkeit, sondern zur Lebensverlängerung und für die Gesundheit.

Wirklich? Nicht aus Eitelkeit?

Dieses Schönsein im Bild ist für mich Teil meiner Berufswelt. Genau wie es für andere dazugehört, im Büro einen Anzug zu tragen, gehört es für mich dazu, eine gewisse Optik herzustellen. Das ist aber eine Künstlichkeit, eine Leistung, so auszusehen, und daher freue ich mich und genieße es, wenn ich nicht auf Optik hochgezurrt werde – oder mich selbst hochzurren muss. Das empfinde ich als Entspannung. Wenn ich einen Sixpack hätte, würde ich wahrscheinlich denken, dass ich in eine Sendung müsste, in der das erwartet werden würde – weil ich zum Beispiel bei *Love Island* nackt am Pool liegen soll. Das hat mit mir privat nichts zu tun. Privat bin ich eher uneitel. Trotzdem habe ich Interesse an gutem Aussehen, tollen Klamotten, Make-up und schönen Haaren. Ein Widerspruch? Ich finde nicht. Ich mache das eher aus einer freudig-spielerischen Haltung heraus und nicht mit dem Ziel, im Spiegel geil auszusehen. Das ist mir ein bisschen wurscht.

15

Vielleicht habe ich mir das vor Jahren abtrainiert, weil Fernsehkameras so brutal sind. Man muss sich dafür wappnen, dass man auf dem Bildschirm immer dicker und unattraktiver aussieht, als man es kurz zuvor noch im Spiegel empfunden hat. Wahrscheinlich ist meine Eitelkeit aus diesem Grund sehr begrenzt ... Ich empfinde das als Gemütlichkeit. Und gemütlich und entspannt soll es ja werden ab sechzig. Deshalb ist spätestens jetzt auch für Sie, lieber Leser und liebe Leserin, ein guter Zeitpunkt, um die Eitelkeit abzulegen. Aber Vorsicht: Diese neue Entspannung darf nicht zur Vernachlässigung führen! Das Adrette, die Freude an schönen Stoffen und Klamotten sind unbedingt beizubehalten!

Dieses Nicht-Vernachlässigen ist – bei aller Gemütlichkeit – eine Arbeit, die geleistet werden muss. Es geht allerdings nicht mehr darum, schön auszusehen oder eine bestimmte Kleidergröße zu halten, sondern darum, sich wohlzufühlen. Ein schöner Körper ist für mich heute vor allem ein gesunder Körper. Ob du einen kleinen Bauch hast oder nicht, ist endlich egal. (Wobei es natürlich Grenzen gibt: Übergewicht ist auch nicht gut, Best-Ager-Models wollen wir aber auch nicht werden.)

Kommt jetzt der Sport?

Let's Dance, die Tanzshow, an der ich 2018 teilnahm, war für mich die Chance, wieder fit zu werden. Dafür musste ich trainieren – und ich habe gestaunt, wozu mein Körper plötzlich wieder in der Lage war. Doch dann kam Corona, was für meine Fitness furchtbar war, weil alles geschlossen hatte, ich nicht an die Hanteln kam und meine Motivation im Keller verschwand. (Das ist ja noch ein eigenes Thema, dass diese Corona-Pfunde wieder runtermüssen. Ich habe gelesen, dass jeder Deutsche im Schnitt fünf Kilo zugenommen hat! Aber das hat wenigstens nichts mit dem Alter zu tun ...) Nun gibt es allerdings keine Ausrede mehr für faules Herumfläzen. Jetzt müssen wir Sport treiben. Und zwar regelmäßig! Deuten Sie mich bitte nicht falsch: Ich bin nicht so sportbegeistert, wie ich vielleicht gerade klinge. Ich gehöre nicht zu denen, die sich schon als Kinder in der Schule am meisten auf den Sportunterricht gefreut haben. Ganz im Gegenteil! Sport war für mich damals Turnen, was ich nie mochte. Und auch Ballsport fand ich auf jeder Ebene grausig. Alles, was competitive ist, nur mit Jungs stattfindet und mit Bällen zu tun hat, hat mich nie interessiert. (Okay, ich habe dreimal gern Tennis gespielt.) Bei uns erinnerte der Schulunterricht noch an Bootcamps und der Lehrer an den Drill Instructor. Das war wirklich nicht schön. Dieser Gesundheitsaspekt, den ich heute so gern betone, der wurde uns damals überhaupt nicht nahegebracht. Uns wurde nie gesagt: »Macht Liegestütze, weil es gesund ist.« Stattdessen wurde spätestens ab der Pubertät erklärt: »Stellt euch beim Liegestütz vor, der Boden sei eine Frau.« Das hat bei mir sowieso nicht viel Sinn gemacht. Aber auch für die heterosexuellen Jungs hätte der Lehrer an dieser Stelle mal erläutern können, dass Liegestützen die Brust- und Armmuskulatur trainieren und dass die komplette Oberkörpermuskulatur dadurch – wie bei jedem Krafttraining – verstärkt mit Blut und Sauerstoff versorgt wird. Das wäre wichtiger gewesen, als Liegestützen zum Ersatz des Sexualaktes zu erklären ... Ich hoffe sehr, dass der Sportunterricht inzwischen besser ist!

Auch mein Tanzen im Verein erschien damals eher spielerisch. Den sportlichen Teil des Cha-Cha-Chas habe ich gar nicht wahrgenommen. Erst während meiner Zeit in Amerika, also mit Anfang zwanzig, habe ich Trainingseinheiten bewusst in mein Leben eingearbeitet – allerdings nie besonders begeistert. Ich musste mich da schon immer reinquatschen. Oder mich zwingen. Oft verspreche ich mir für danach irgendeine Belohnung – und wenn es nur ein guter Kaffee ist. Ich weiß, es gibt Leute, die springen aus dem Bett und rennen sofort gutgelaunt um den Block. So war ich noch nie. Ich brauche die Belohnung, damit ich mich in Bewegung setze. Und ab sechzig hat man keine Wahl mehr, auch wenn das Training einen manchmal frustriert, weil Übungen, die man mit vierzig, fünfzig noch mit links gemacht hat, einem heute viel schwerer vorkommen. Noch dazu muss die Hantel immer größer werden, um denselben Effekt zu erreichen. Das bedeutet richtig Arbeit.

Deshalb – das habe ich von meinem Mann gelernt – muss man sich seinen Sport in den Kalender eintragen. Trainingseinheiten sind wie Business-Termine. Die werden eingehalten! Es nutzt nichts zu sagen: »Am Ende eines langen Arbeitstages gehe ich noch zum Hanteln.« Man wird es nicht machen. Das muss wie eine Verabredung mit einer Freundin oder einem Freund zuverlässig eingehalten werden. Das darf kein »Schauen-wir-mal-ob-wir-uns-aufs-Sofa-legen-oder-ob-wir-zum-Sport-Gehen« werden. Man muss seine Sporteinheiten einplanen in seinem Leben, um die Instandhaltung zu schaffen. Und diese Sporteinheiten sollten idealerweise aus drei Säulen bestehen.

Die erste Säule: Yoga

Viele schieben Yoga noch immer in die Esoterik-Ecke, dabei ist das, was hier in Deutschland angeboten wird, weitestgehend entesoterisiert. Es besteht keine Gefahr, an eine Sekte zu geraten, und man muss auch nicht an Dinge glauben, an die man noch nie glauben wollte. Man muss weder »Om« summen noch in einer gebatikten indischen Hose Klangschalen schlagen. Das ist ein Mythos und ein Klischee, das Männer gern als Argument anführen, um mit ihren Frauen nicht zum Yogakurs gehen zu müssen. Männer sind diesbezüglich meist noch weniger willens als Frauen. Dabei ist Yoga eine super Form von Gymnastik, eine geatmete Bewegung, bei der du nichts überreißt und dich auch nicht überforderst. Wenn Männer in meinem Alter mit Sport anfangen, muss man ja immer Angst haben, dass sie vom Laufband fallen oder von ihrer Hantel erschlagen werden, weil sie denken, sie könnten das alles noch. Seine Grenzen zu kennen, das wird mit zunehmendem Alter immer wichtiger! Nichts ist schlimmer, als mit einem inneren Alter von dreißig über einen Zaun springen zu wollen, hängen zu bleiben, auf die Nase zu fallen und sich womöglich die Hüfte zu brechen. Schon deshalb ist Yoga für Männer perfekt: Wenn du einigermaßen bei dir bist, kannst du dich nicht verletzen. Es ist kein Voodoo, sondern eine Form von Gymnastik. Kein esoterischer Töpferkurs, sondern wirklich Sport. Und wie positiv Yoga auf den Körper wirkt, haben mittlerweile auch mehrere Studien bewiesen: Yogis schlafen besser, fühlen sich weniger gestresst, haben weniger Schmerzen und entwickeln seltener Herz-Kreislauf-Erkrankungen. Deshalb übernehmen inzwischen sogar mehrere gesetzliche Krankenkassen die Kosten für den Yogakurs.

Was ich besonders schön finde: Yoga kannst du bis achtzig oder neunzig machen. Im Internet findet man sogar Hundertjährige, die sich mit einer unglaublichen Gelenkigkeit verbiegen. Gerade für die Dehnbarkeit ist Yoga das Allerwichtigste – und die Dehnbarkeit ist ja für alles wichtig. Die schützt dich, wenn du hinfällst, ausrutschst, umknickst. Ohnehin ist Geschmeidigkeit im Leben ein wünschenswerter Zustand. Um sich elegant und geschmeidig durchs Leben zu bewegen, ist Yoga perfekt. Nicht nur, um diese peinlichen Schnürsenkel-Momente zu vermeiden: Wenn man sich nicht mehr runterbeugt, um seinen Schuh zu binden, sondern sich ein Bänkchen oder hohen Stein sucht, um besser dranzukommen. Das ist ein Warnsignal! Sobald ich mich dabei erwische, nach Erhöhungen Ausschau zu halten, vereinbare ich eine Stunde Yoga mehr in der Woche. Ich will mir meine Beweglichkeit in der Wirbelsäule erhalten. Zumal ich weiß, wie schnell die mittlerweile schwindet.

Vor etwa zwanzig Jahren, als ich nach Berlin gezogen bin, habe ich mit Yoga angefangen. (Was wäre Berlin-Mitte ohne Yogamatte in der Tasche?) Wenn ich damals mal zwei Wochen ausgesetzt habe, weil ich beispielsweise im Urlaub war, kam ich danach sofort wieder rein. Mittlerweile merke ich jede längere Pause in der nächsten Stunde, und es ist viel schwieriger, wieder aufzuholen, was man verloren hat. Auch mit regelmäßigem Training spüre ich, dass ich älter werde. Mein Körper reagiert mittlerweile an Stellen, die früher nicht reagiert haben: Die Hüfte schmerzt, im Knie zieht's. Man kann sagen, ich habe Zipperlein, ein Wort, das ich eigentlich mag, weil es so freundlich klingt – und genauso sollte man die Schwächen seines Körpers annehmen: freundlich. Diesen wertschätzenden Umgang mit dem eigenen Körper lernt man ebenfalls beim Yoga. Es ist nun einmal so: Wenn ich in der Grätsche sitzen soll, ist die enger geworden, als sie früher war. Sogar meine geschmeidige Yogalehrerin hat schon Übungen, die sie nicht mehr machen kann.

Das Schöne bei meiner Yogalehrerin ist: Sie ist knapp über sechzig, und ich weiß, wir werden nun gemeinsam alt. Ich finde es super, dass sich nicht die 25-jährige tätowierte Bali-Surferin vor mir in den Spagat legt und mir die Übungen zeigt, sondern eine Frau, die altersmäßig zu mir passt, die weiß, wo meine Grenzen sind, wie ich ticke und was ich gern mache. Das finde ich angenehm. Man darf auf keinen Fall in eine Yogaklasse gehen, in der alle dreißig und sexy sind. Das demotiviert irrsinnig. Die Alternative ist aber nicht Seniorengymnastik in der Volkshochschule. Man darf sich feiern für das, was man noch kann, und sollte nicht geknickt sein über das, was nicht mehr geht. Deshalb macht man besser einen Bogen um diese Yoga-Community, die entspannt, aber superhot und beinahe artistisch ist. Wenn du da mit sechzig dazwischengerätst, bist du total frustriert.

Diese Erfahrung habe ich auch selbst schon gemacht – allerdings beim Ballett. Vor etwa zwei Jahren habe ich mich in einer Ballettschule angemeldet. Als Jugendlicher habe ich das immer geliebt, vor allem dieses Warm-up an der Stange. Deshalb dachte ich, meine alte Sportleidenschaft aufzuwärmen sei eine gute Idee. Leider war ich im Unterricht der einzige Hase über dreißig, der mit den kleinen Schwänchen durch den Raum sprang – da fehlt mir mein Pendant. Der Altersabstand war zu groß.

Bei einem weiteren Versuch, eine Sportart zu finden, zu der ich mich nicht hintricksen muss, weil sie Spaß macht, habe ich einen Jazzdance-Kurs belegt – ach, du meine Güte! Sobald ich auf den Boden musste, wollte ich dort bleiben. Runter ging. Aber hoch? Da war der Weg schon sehr weit. Das ging mir bei *Let's Dance* auch so. Da habe ich zu Regina Luca, meiner Profi-Tanzpartnerin, gesagt: »Ich kann auf den Boden gehen, aber wenn ich unten bin, bleibe ich unten. Ich stehe nicht wieder auf, das ist zu anstrengend.« Und so haben wir es gemacht. Der Weg nach oben wird eben immer länger …

Deshalb: Versuchen, bei Gruppenübungen die passende Altersgruppe zu finden! Und sich niemals unter Konkurrenzdruck setzen! Es wird immer einen geben, der sich weiter nach vorn lehnen kann. (Die Grätsche war für mich schon immer ein Albtraum. Während sich einige Yogadamen im Spagat nach vorn legen und dabei ein Buch lesen, hänge ich buckelig wie ein nasser Sack auf meiner Matte.) Man wird leider nicht beweglicher im Alter. Meine Yogalehrerin hat kürzlich festgestellt: »Wenn du den Kopf nach links drehst, hast du eine Einschränkung. Der Radius ist nicht mehr so groß wie nach rechts.« Seitdem machen wir bestimmte Übungen, durch die sich mein Radius wieder erweitert. Das Schöne ist, dass du beim Yoga nicht nur durch mehr Beweglichkeit deine Belohnung bekommst, du kriegst sie am Ende jeder Stunde: bei meiner Lieblingsübung Shavasana, dem »toten Mann«. Wenn man bei diesem Meditationsteil zehn Minuten auf dem Rücken liegt und an nichts denkt, kommen die Entspannung und die große Zufriedenheit. Allein für dieses Gefühl kann ich Yoga als Basis jedem empfehlen. In einer idealen Welt wäre jeden Tag eine halbe Stunde perfekt. Nicht, dass man mit achtzig den Schulterblick nicht mehr hinkriegt! Da muss man mit sechzig noch mal investieren, liebe Leserin, lieber Leser!

Die zweite Säule: Cardio

Mein zweiter Sport, zu dem mich ich jede Woche aufraffe, ist Laufen, wobei ich überhaupt kein Outdoor-Läufer bin. Ich bevorzuge das Laufband. Im Urlaub, zu Hause – ich laufe auf dem Band, weil ich befürchte, dass mich draußen zu viel ablenken würde. Also nicht, dass ich vor jedem Baum oder Schaufenster stehenbleiben würde, aber draußen ist es grundsätzlich zu bunt und aufreibend. Ich brauche die Monotonie. Deshalb verstehe ich auch nicht, warum manche auf dem Laufband Nachrichten gucken. Ich mache mir ohnehin zu viele Gedanken über alles. Warum sollte man sich zur Anstrengung obendrein die schlimmsten Nachrichten reinziehen? Das Gehirn soll herunterfahren beim Laufen!

Aber Jogger überraschen mich ohnehin häufiger. Ich versuche doch auch beim Sport ein Outfit anzuziehen, das nicht ganz schlimm aussieht. Hier muss man im höheren Alter – dazu kommen wir später im Klamotten-Kapitel noch einmal – unglaublich aufpassen, damit nichts schiefgeht. Sportkleidung ist ein riesiger Krater auf dem Planeten der Geschmacklosigkeiten. Diese alten T-Shirts, von denen sich keiner erklären kann, wie die jemals in der Schublade gelandet sind, waren nie gut genug, um sie draußen anzuziehen. Warum sollte man jetzt damit anfangen? Wenn man ungesehen in seinem eigenen Keller läuft, kann man sich meinetwegen kleiden, wie man möchte. Aber bei dem lustigen alten T-Shirt, das beim Mann sehr gern auftaucht, ist draußen Vorsicht geboten! Und ebenso, wenn plötzlich die Jugendlichkeit ausbricht. Auf einmal ziehen Leute Neonfarben an, die in ihrem sonstigen Tagesablauf nie in Neongrün oder Neonpink zu sehen sind, weil sie denken, das sei frisch und sportlich. Das ist aber nur frisch und sportlich für Dreißigjährige. Das ist nicht frisch und sportlich für Sechzigjährige. Man muss sich nicht in Sack und Asche kleiden, aber Sportkleidung darf angemessen sein. Sie sollte gemütlich sein, eine gute Qualität haben, und Baumwolle gewinnt bei mir sowieso immer. Aufpassen muss man bei Farbe, Aufdrucken und Slogans aller Art. Man weiß: Das, was draufsteht, ist nie drin. Liest man Muscle Beach, kann man sich sicher sein, dass dieser Körper den Muscle Beach noch nie gesehen hat. Das ist ein Weltgesetz. Ich tendiere – beim Yoga wie beim Laufen – zum einfarbigen Shirt zur schwarzen Hose. Damit laufe ich eine halbe Stunde ohne Monitor, ohne Serie, einfach dumpf vor mich hin. Und das mache ich zwei- oder dreimal die Woche für eine halbe Stunde, weil Ausdauersport nicht nur die Ausdauer erhält, sondern obendrein vor Krebs schützt, gut für Herz, Kreislauf, Immunsystem und Psyche ist. Es gibt sogar Studien, die zeigen, dass sich durch Cardio-Training die sogenannten Telomere verlängern, die Enden der Chromosomen, die bei jeder Zellteilung kürzer werden. Das ist das gute Zeichen, dass sich neben all den anderen positiven Effekten der Alterungsprozess verlangsamt.

Cardio muss jetzt also mit sechzig sein, aber es gibt verschiedene Möglichkeiten. Hin und wieder probiere ich andere Sportarten aus, die mir vielleicht mehr Spaß machen könnten. Ich bin ja eigentlich eine Aerobic-Maus. Auch Jazzdance und andere Kurse, bei denen man sich zu lauter Musik von seinen Trainern anschreien lässt, habe ich früher geliebt. Aber mittlerweile musste ich feststellen: Ich mag das nicht mehr. Ich möchte mich nicht mehr anschreien lassen – dann fehlt mir der meditative Teil des Cardio-Trainings.

Mein Mann hat übrigens gerade noch einen neuen Favoriten entdeckt: das Trampolin. Trampolinspringen ist super am Morgen! Da mobilisiert man in zwanzig Minuten alle Gelenke. Und es ist nicht so, dass man damit bis zur Decke springt und dann im Kronleuchter hängt. Man hüpft ganz sanft, weshalb es für mich inzwischen zur Konkurrenz zum Laufband wird, weil man weicher auftritt. Es fühlt sich gelenkschonender an. Außerdem kann das Springen süchtig machen! Man fühlt sich gut, sobald man das Trampolin betritt – wahrscheinlich, weil man schon in der Kindheit gespeichert hat, dass Springen Spaß macht. Dieser Effekt setzt sofort ein, sodass man es nicht richtig als Sport empfindet, sondern eher als großen Spaß, obwohl es anstrengend ist. Wieder ein super Trick, um sich in Bewegung zu bringen! Und man kann es sogar im Wohnzimmer aufstellen, weil es nicht viel Platz braucht. Wir sind so verliebt, wir nehmen unser Trampolin fast mit in den Urlaub. Mein Mann hat schon gesagt: »Bei der nächsten Reise kommt's ins Reisegepäck!« Weil es so eine Freude macht. Und wenn man möchte, kann man sich übers Internet die ganzen Trainer herunterladen, die einem die Übungen vorhüpfen. Wenn die dann »Five, six, seven, eight!« brüllen, bin ich sofort wieder in den Achtzigern. In meiner Aerobic Class. Das ist zwar nicht so entspannend, macht zwischendurch aber auch mal Spaß. Und wenn mir das zu wild wird, mache ich das weiter altersgemäß mit mir und dem Band aus, stelle mir meine Hügel ein und laufe das ab. Musik hilft. Immer. Als Disco-Kind lege ich meine Lieblings-Hits in den CD-Player – das ist tatsächlich der einzige CD-Player, den wir noch haben. Und der steht neben dem Laufband. Damit wird das Laufen zum tollen Start in den Tag.

Und wenn Sie sich nun fragen: »Zu welcher Musik hoppelt denn der Herr Hermanns?« Das ist die Musik, die mich aus dem Bett kriegt – und aufs Laufband oder Trampolin:

1. »You make me feel (mighty real)« – Sylvester
   (Das sagst du zu deinem Körper.)
2. »Supermodel« – RuPaul (You better work!)
3. »If you could read my mind« – Viola Wills
   (Etwas lyrischer für den ersten Teil des
   Workout-Plateaus …)
4. »Don't stop moving« – S Club Seven
   (Der Titel sagt alles …)
5. »Relight my fire« – Dan Hartman
   (Allmählich werden wir müde – wir brauchen ein
   neues Brennelement!)
6. »Good times« – Chic
   (Wir tun so, als wäre Sport Spaß.)
7. »Don't stop me now« – Queen (Ganz anderer Stil.
   Aber bis der Kopf das verarbeitet hat, sind wir
   schon drei Runden weiter.)
8. »Hot Stuff« – Donna Summer (Back to Disco!)
9. »I'm too sexy« – Right Said Fred
   (Einfache Messages für müdes Hirn.)
10. »Thank you for the music« – Abba
    (Belohnung, Stretching!)

Die dritte Säule: Krafttraining

Im dritten Teil meines persönlichen Sportprogramms widme ich mich dem großen Thema Muskelaufbau. Hanteln! Da führt kein Weg dran vorbei – weder für die Damen noch für die Herren. Es muss gehantelt werden, weil die Muskeln sich im Alter rasend schnell abbauen. Das geht schon mit dreißig Jahren los, ab sechzig beschleunigt sich dieser Vorgang noch. Man verliert jedes Jahr etwa ein Prozent seiner Muskelmasse, wenn man nicht trainiert. Manche Experten gehen sogar so weit, dass sie sagen: »Wer nicht ins Pflegeheim will, muss spätestens ab sechzig Muskelaufbau betreiben.« Denn das ist die gute Nachricht: Man kann den körperlichen Verfall aufhalten! Aber ich gebe offen zu, dass ich diesen Teil meines Trainingsprogramms hasse. Das wird sich auch nicht ändern. Ich werde nie sagen: »Ich mache gern Kniebeugen.« Das wird nicht passieren. Trotzdem muss es gemacht werden, man muss Muskelaufbau betreiben, denn es nutzt nichts, wenn die Arme keine Kraft mehr haben. Es geht nicht um Eitelkeiten, nicht um den schönsten Bizeps oder darum, dass sich die Brustmuskeln unter dem T-Shirt spannen, es geht nur darum, dem Verfall etwas entgegenzusetzen. Und das ist ein superspannendes Thema, weil man erst in den vergangenen Jahren erkannt hat, dass gerade die Älteren davon profitieren, wenn sie mit Gewichten arbeiten. Und das ist sogar gut fürs Herz! Früher dachte man: »Ich bin doch kein Bodybuilder!« Heute weiß man: Am Muskeltraining führt kein Weg vorbei. Aber wie macht man das am besten?

Mein Mann und ich gehen dafür in ein Studio. Crossfit nennt sich unser Training. Das Studio ist vom Look so ein bisschen martialisch, ein bisschen brickwallig, männlich, rudimentär. Da machen wir unter Aufsicht wenige Übungen mit hohen Gewichten. Leider ist dort auch meine verhassteste Übung seit der Schulzeit wieder aufgetaucht: der Klimmzug. Ich fand damals auch die Stange schlimm, an der man rauf- und runterklettern musste, aber Klimmzüge waren schon immer das Allerallerschlimmste. Ich kann gar nicht sagen, wie sehr ich Klimmzüge hasse. Ich finde, es gibt nichts Schlimmeres, als wie ein nasser Sack an der Stange zu hängen und dann sein eigenes Gewicht hochzuziehen. Es hilft, wenn da ein Treppchen steht. Und es hilft auch, wenn jemand einen unterstützt. Schlechte Nachrichten also für alle über sechzig: Da ist sie wieder! Das ist die Übung, die nun gemacht werden muss. Und mit ihr kommt auch die Kniebeuge zurück … Allerdings mit einer Hantel auf den Schultern. Das ist ein bisschen frustrierend: Man denkt, man sei erwachsen, weise, schlau und erfolgreich und könne bestimmte Sachen hinter sich lassen. Und dann kommen – mit therapeutischer Notwendigkeit – ausgerechnet die fiesen Dinge zurück und sagen: »Hier bin ich wieder!« Das ist das Schwerste. Das schaffe ich auch nur einmal pro Woche. Und danach bin ich richtig kaputt.

Aber wie kriegt man sich da nun regelmäßig hin? Ich glaube, da sind die Trainer entscheidend. Während ich bei der Yogalehrerin oder dem Yogalehrer dazu raten würde, jemanden aufzusuchen, der gleichalt ist, lohnt es sich bei den Fitness-Leuten, wenn jemand jung und attraktiv ist. Warum ein attraktiver Trainer? Da bin ich oberflächlich und finde: Schönheit motiviert immer im Leben. In jeglicher Form. Das kann ein schönes Lied sein. Oder eine schöne Landschaft. Und schöne Trainer motivieren dazu, sich anzustrengen. Ich möchte nicht, dass sie traurig sind, weil ich den Klimmzug nicht schaffe. Man möchte schöne Menschen nicht traurig sehen! Da ist es auch ganz egal, ob es ein Mann oder eine Frau ist. Ich will nicht, dass schöne Blumen leiden! Deshalb strenge ich mich extra an, und die Lehrer freuen sich und lächeln extra schön.

Es geht nicht darum, so zu sein wie sie. Das schaffst du eh nicht mehr. Es geht darum, sich zu motivieren, damit man sich ins Auto, in den Bus oder die Bahn setzt und zum Training fährt. Wenn da so ein Schlurfi auf mich warten würde – und das ist weder sexistisch noch böse gemeint: Das würde mich nicht an die Stange bringen. Oder wenn ich mir vorstelle, dass in dem Studio der Sportlehrer meiner Kindheit, der Lurchi, in seinem Trainingsanzug und mit leichtem Bierbauch stehen würde, damit ich meine Klimmzüge mache – das brauche ich nicht noch einmal. Meine Sportlehrer sahen alle nicht toll aus in den Siebzigern ... Das würde nicht funktionieren.

Es ist besser, wenn diese Trainer dreißig sind. Aber – und jetzt kommt das Pädagogische: Die dürfen einen auch nicht behandeln wie einen alten Sack. (Natürlich tun sie das nicht. Du bezahlst sie schließlich.) Und sie müssen auch wissen, was altersgerecht ist im Kraftsport. Wenn du mit großen Gewichten arbeitest, musst du das wahnsinnig kontrolliert tun. Die Trainer müssen sehr genau hingucken, weil eine große Verletzungsgefahr besteht, vor allem, weil Männer denken – die große Hybris-Gefahr: »Das habe ich doch mit dreißig auch hochgekriegt ...« Aber jetzt fällt einem das Ding auf die Füße, und der Fuß ist kaputt. Man braucht Beobachtung! Laufen kann man allein. Yoga kann man allein machen. Zur Not mit YouTube. Bei Hanteln ab sechzig würde ich aber dazu raten, Geld zu investieren in jemanden, der auf einen aufpasst. Oder man hat einen Freund oder eine Freundin, der oder die das gut kann. Aber – Achtung: wichtig! – mit dem muss das Training gut klappen.

Ich habe es lange mit einem Freund versucht, der Komponist ist, wodurch wir sehr viele Themen haben, über die wir sprechen können. Da kommt man zu nichts, weil man sich ständig versabbelt. Das kennen bestimmt viele: Dann werden die Pausen immer länger, und ruckzuck ist die Stunde um, und man hat nur die Hälfte geschafft von dem, was man schaffen wollte. Es bringt nichts, wenn man die Trainingsstunde zum Kaffeekränzchen macht. Deshalb trainiere ich mittlerweile am liebsten mit Profis, die aufpassen und es ertragen, wenn ich zwischendurch mal genervt, erschöpft und außer mir bin. Sie verhindern, dass ich mit den Sachen gegen die Wand donnere – bei manchen müssen sie verhindern, dass die vor Wut die Sachen gegen die Wand donnern. Und ab und zu bringen sie ein wenig Abwechslung in die Übungen, was ebenfalls ein bisschen hilft. Aber wirklich nur ein bisschen.

Ich glaube, mein Trainer hat bereits auf sechs verschiedene Arten versucht, mir die Klimmzüge schmackhaft zu machen. Inzwischen schaffe ich drei. Aber auch nur, wenn alle Sterne in der richtigen Konstellation stehen, das Wetter gut ist, ich ausgeschlafen bin und grundsätzlich fröhlich. Dazu macht der Trainer ein freundliches Gesicht, und es ist Mittwoch. Es muss viel zusammenkommen, damit das klappt. Trotzdem hilft die Abwechslung, um ein bisschen zur Leistung verführt zu werden. Und einmal die Woche ist das Minimum, weil die Muskeln sonst verschwinden – und dann sind sie weg. Je weniger Muskeln wir haben, desto mehr verlieren wir an Körperstabilität. Stoffwechsel und Energieverbrauch werden weiter heruntergefahren. Man hat weniger Appetit, fühlt sich noch schwächer und wackeliger – und das Sturzrisiko steigt. Das wollen wir alles nicht. Deshalb: Hanteln!

Viele – gerade Männer – schreckt die Vorstellung ab, im Fitnessstudio Hanteln zu stemmen, und jemand stemmt nebenan das Dreifache und läuft anschließend auf dem Laufband doppelt so schnell. Auch für mich sind solche Kunden der schlimmste Feind im Fitnessstudio: zwanzig Klimmzüge und zwanzig Jahre jünger. Oder noch schlimmer: gleichalt. Das ist natürlich die Hölle auf Erden! Wenn ein anderer Sechzigjähriger neben einem steht und zehn Klimmzüge macht, das ist natürlich hoch demotivierend für jemanden wie mich. Das könnte zwar mein Mann sein, der kann so etwas nämlich auch – aber diese Aggression halten wir aus unserer Beziehung raus.

Trotzdem kann ich nachvollziehen, wenn die Vorstellung einige Sechzigjährige vielleicht sogar vom Besuch einer solchen Einrichtung abhalten würde, neben 35-jährigen Männern zu stehen, mit denen sie nicht mehr mitkommen. Gleichzeitig weiß ich: Man muss mit diesem Frust leben. Früher habe ich gern Bankdrücken gemacht. Heute schaffe ich die Gewichte nicht mehr, die ich mal konnte. Da darf man gar nicht auf die Zahlen gucken, die muss man vergessen! Aber es nutzt nix … Ganz im Gegenteil: Es macht einen fertig, ständig zu denken: »Ich hatte immer drei Sätze mit fünfzehn Wiederholungen mit zwanzig Kilo – das geht nicht mehr.« Dann geht das halt nicht mehr! Man muss mit sich nachsichtig sein.

Auch diesbezüglich kann das Yoga helfen: »Du schaffst, was du schaffst.« Aber diese Haltung gelingt mir nur an den sonnigen Mittwochen mit der günstigen Sternenkonstellation. Meist achte ich darauf, dass die Trainingsfläche frei ist von Menschen, die das besser können als ich. Es gibt vielleicht Leute, die sich freuen können und denken: »Ach, die macht das so schön.« Aber ich glaube, das ist gelogen …

Zusammengefasst: Wie trickse ich mich zum Sport?

1. Beweglichkeit – Yoga belohnt sich selbst, da muss man sich nicht reintricksen. Das muss man ausprobieren, um zu spüren, wie gut einem das tut.
2. Ausdauer – Beim Cardio-Training ist die richtige Musik entscheidend!
3. Muskelaufbau – Ich rate zu einer Mischung aus attraktiven Trainern, einer coolen Location, einem leeren Trainingsraum und der inneren Haltung: Ich bin wieder im Sportunterricht der dritten Klasse und jemand sagt: »Du musst diese blöde Stange hoch!« Man wird wieder ein bisschen zum Kind und muss es machen, obwohl man es hasst.

Team Thomas: Yogalehrerin Birgit Jürgens

Birgit, Wolfgang und ich machen seit fast zwanzig Jahren zusammen Yoga. Am liebsten draußen im Garten unter den großen Bäumen. Ich bewundere Birgit dafür, dass sie immer alles im Blick hat: den Körper, seine Anatomie, den Kopf, die Energie, und uns gleichzeitig die philosophischen und ethischen Grundlagen vermittelt, die zum Yoga gehören. Sie achtet auf das Herz und die Gefühle – und natürlich auf den Atem, der alles miteinander verbindet. Ich weiß: Birgit und ich werden jetzt zusammen alt. Und das finde ich super.

Liebe Birgit, wie ändert sich Yoga ab sechzig?

Wenn man in jungen Jahren Yoga macht, ist man sehr lebendig, gesund und kann noch mitten im Raum einen Handstand machen. Das verändert sich. Ich denke, dass ich etwa ab sechzig Alterungsprozesse bemerkt habe: Man hat nicht mehr so viel Energie, wird weniger beweglich, mal tut die Hüfte weh oder das Knie.

Ich finde, die Dehnbarkeit ist ein Riesenthema im Alter, also der lange Weg zum Schnürsenkel … Aber nach dem Training ist erst einmal alles weicher. Setzt du als Lehrerin andere Akzente bei Kunden über sechzig?

Yoga für Ältere ist nicht so lebendig – das ist der Hauptunterschied. Die Dehnbarkeit ist nur ein Aspekt. Für mich gehört die Kraft dazu. Wenn jemand Verspannungen und Schmerzen hat, dann sagt man heutzutage sogar, man solle eher in die Kraft als in die Dehnung gehen.

Weil sich der Muskelabbau im Alter beschleunigt?!

Genau. Ich würde sagen: An erster Stelle steht die Kraft! Auch wenn ich irgendwo eine Verspannung oder Verletzung habe, gibt es dort eine muskuläre Disbalance. Meistens ist ein Muskel zu schwach, um seine Aufgabe zu erledigen, wodurch ich im gegenüberliegenden Gelenk Schwierigkeiten bekomme. Also gucke ich erst mal: Wo ist eine Schwachstelle? Die muss ich stärken. Das Dehnen ist theoretisch der zweite Schritt. Oft wollen die Leute nur dehnen und entspannen – auch das hat seine Berechtigung.

Du bringst uns bei, dass man nicht wütend in die Matte beißen, sondern seine Einschränkungen akzeptieren und weiter daran arbeiten soll. Dieser mentale Prozess ist wichtig.

In der Yoga-Philosophie geht es darum: Wie gehe ich mit mir selbst um? Wir üben, mit uns zufrieden zu sein. Das ist allerdings nicht nur eine Frage des Älterwerdens – das ist schon bei vielen Jungen ein Thema. Ich kenne viele, die schon mit dreißig in ihrer Bewegungsfähigkeit eingeschränkt sind und vor Ehrgeiz eher mal in eine Matte beißen.

Wir haben schon gelernt, dankbar zu sein …

Unser Yoga ist ein mentales Coaching. Also: Wenn ein Knie schmerzt, freue ich mich, dass eins noch funktioniert. Ich fokussiere mich nicht auf das schmerzende Knie. Wer weiß, was in zehn Jahren ist? Vielleicht tun dann beide Knie weh, und ich frage mich: Warum habe ich vor zehn Jahren nicht genossen, dass ich noch alles konnte? Ich bin fünf Jahre älter als du. Für mich ist das ein Thema, in Würde zu altern.

Ich finde, Yoga kann man gut auf alle Bereiche des Lebens übertragen. Diese Dankbarkeit für das, was da ist. Das gilt nicht nur für die Beweglichkeit, auch fürs Sehen, Hören und alles andere.

Absolut! Yoga kannst du mit in deinen Alltag nehmen.

Wichtig ist die Zuversicht, wieder alles ins Positive wenden zu können. Ich kann meinen Kopf zum Beispiel schon wieder ein bisschen weiter drehen …

Wir wenden die Sinne nach innen, scannen uns, aber werten nicht. Für deinen Hals heißt das: Wir drehen den Kopf ganz langsam nach rechts und du merkst, dass du fast neunzig Grad erreichst. Links gehen vielleicht nur fünfzig Grad. Aber das wertet man nicht, sondern nimmt die Disbalance zur Kenntnis.

Dennoch kann ich langsam und ganz vorsichtig dranbleiben und werde so mit Sicherheit Fortschritte machen.

Ich empfinde es als großen Pluspunkt, wenn die Trainer im selben Alter sind. Mich würde das wahrscheinlich nervös machen, wenn vor mir ein Dreißigjähriger auf dem Kopf stehen würde.

Ich glaube, dass es bei uns einfach insgesamt gut passt. Ein junger Mensch kann durchaus in der Lage sein, sich in einen Älteren hineinzudenken. Andererseits kann ich jetzt erst, wo mir selbst die Hüfte wehtut, wirklich spüren, wie sich das für Leute anfühlt, die diese Schmerzen haben.

Ja, das finde ich so gut. Wenn ich erlebe, wie positiv du damit umgehst, bist du gleich wieder ein Vorbild. Das motiviert mich.

Mich diesbezüglich offen zu machen, zu sagen: »Mir tut das Knie weh, die Hüfte, die Schulter ...« Das war für mich ein schwieriger Schritt, weil man doch eigentlich glaubt, Yoga würde einen ewig jung halten. Viele vergessen, dass auch eine Yogalehrerin ein Vorleben und bestimmte genetische Voraussetzungen hat. Außerdem trainieren wir meist zu viel, sodass es überhaupt nicht verwunderlich ist, dass wir etwas haben. Seit ich mich offen gemacht habe, kam von den Leuten häufig das Feedback, dass sie sich damit sehr wohlfühlen.

Ich finde, dieses Alles-perfekt-für-Immer ist auch nicht Yoga. Auf jeden Fall glaube ich – und das ist klasse –, dass wir die nächsten zwanzig Jahre weiter zusammen trainieren werden. Dann machen wir ein bisschen Kuh, Katze und anschließend gleich Shavasana, die Totenstellung, die Schlussentspannung. Das werden kurze Stunden.

Das träumst du aber nur! Du wirst dich wundern ... Ich

habe einige Yogaschüler und -schülerinnen, die sind 75, 80 und sogar 85. Es hängt von der inneren Verfassung ab, ob es gelingt, mit sich selbst zufrieden zu sein. Manche sind 85, die machen ganz wenig, aber sind total gut drauf. In derselben Klasse ist aber eine junge Frau mit einem Mini-Top und sexy Hose, die gar nicht mit sich zufrieden ist. Es kommt darauf an, wie du im Kopf unterwegs bist.

Diese Yoga-als-Leistungssport-Philosophie ist nicht das, was Yoga will.

Patanjali sagt: »Yoga beginnt, wenn der Geist zur Ruhe kommt.« Und wann kommt der Geist zur Ruhe? Nicht im permanenten Haben-Wollen – und zwar jetzt und sofort und noch viel mehr. Und wenn ich im Handstand bin, will ich einen Handstandüberschlag … Es reicht ja nie. Ich bin die ganze Zeit im Kopf mit irgendetwas unterwegs, das mir schlechte Gefühle macht. Yoga heißt: Ich bin präsent, ich bin achtsam – und Achtsamkeit wertet nicht. Ich bin bei mir, spüre, da tut ein Knie weh. Trotzdem ist das kein blödes Knie, sondern eine hochkomplexe Konstruktion, die unglaublich viel leisten muss und die in Disbalance geraten ist. Was kann ich tun? Das ist alles.

Dann fasse ich noch mal die Stunde mit achtzig zusammen: Wir machen das Gleiche wie heute. Und wenn ich etwas nicht mehr kann, ärgert mich das nicht …

Und wir sind beide zufrieden.

Auf jeden Fall! Ein hervorragendes Schlusswort!

2. Kapitel: Style und Beauty

Je älter man wird, desto mehr fragt man sich: Ist der Spiegel eigentlich mein Freund oder mein Feind? Ich denke, die meisten Männer haben zum Spiegel ein eher pragmatisches Verhältnis: Der ist zum Rasieren und zum Zähneputzen da, und das war's – zumindest in meiner Generation. Den Spiegel als Hilfe und Kontrolle einzusetzen, indem man ihn vielleicht mal so hält, dass man den eigenen Hinterkopf anschauen kann, scheint vielen gar nicht in den Sinn zu kommen. Sie sind wahrscheinlich schon damit überfragt, wie man das wohl anstellen könnte, da der Handspiegel unter Männern kaum bekannt ist. Und auch die Frage, wie ein Spiegel beleuchtet sein muss, damit man sich darin gut sehen kann, stellt sich anscheinend keiner.

Warum eigentlich nicht? Das Argument: »Was soll ich mit einem Spiegel? Ich bin doch kein Narzisst«, zählt schon mal nicht. Die Gefahr des Narzissmus, dass man seinen Spiegel gar nicht mehr weglegen mag, weil man sich so schön findet, ist bei Männern ab sechzig nicht mehr gegeben. Die meisten wollen eher weg vom Spiegel und minimieren ihre Zeit davor auf das absolut Notwendige – vielleicht, weil sie dort Sachen sehen, die ihnen nicht gefallen. Männer vermitteln vor Spiegeln das Gefühl: »Ich habe kurz reingeguckt, ich kenne den noch, und er ist noch da.« Und dann sind sie schon wieder weg. Ich würde dafür plädieren, den Spiegel spätestens ab sechzig als freundlichen Mitarbeiter zu betrachten, der einem helfen kann, das eigene Aussehen zu verbessern – die Frisur, die Haut und auch die Zähne. Früher musste der Zahnarzt seine Patienten überreden: »Lassen Sie bei der Zahnpflege das Braune entfernen.« Heute kommen viele Patienten nach einem Blick in den Spiegel von allein darauf – Frauen selbstverständlich häufiger als Männer, es sei denn, die werden von ihren Frauen geschickt …

Also, um die Frage vom Beginn zu beantworten: Der Spiegel ist kein Feind! Der Spiegel kann uns helfen. Einzige Ausnahme – und das ist eine tiefe Weisheit aus meinem sechzigjährigen Herzen: die Vergrößerungsspiegel in Hotels, die dort manchmal in den Badezimmern hängen. Die sind der Feind! Die sind wirklich nie gut, da darf man nie reingucken. Was man darin sieht, ist alles gelogen. Das stimmt nicht, und so sieht man auch nicht aus. Wer legt schon eine Lupe auf den Menschen? Das ist unrealistisch, erschreckend und grauenvoll. Deshalb drehe ich diese Spiegel konsequent weg, wenn ich ein Hotelzimmer beziehe. Und die Lampe an diesem Spiegel wird ausgeschaltet. Auch wenn ich später noch aufrufe zu Puder und Wimperntusche, möchte ich davor warnen, zum Schminken diesen Spiegel zu nutzen! Der ist nicht nur unser Feind, sondern eine Anklage, der wir nicht mehr nachkommen können. Das, was wir sehen müssen, sehen wir auch in anderen Spiegeln – und in die sollte man künftig unbedingt regelmäßiger und genauer schauen …

Beauty-Thema Haare

Wir wissen alle, dass Haare im Alter an allen möglichen Stellen wachsen – und zwar bei Männern UND Frauen. Das liegt daran, dass sich der Hormonhaushalt mit zunehmendem Alter verändert. Der Körper produziert mehr männliche Hormone, die dafür sorgen, dass aus Haarfollikeln, aus denen bislang nur feine Härchen sprossen, plötzlich dicke Haare wuchern. Dann bekommen Frauen einen Bart, und Männer wundern sich über den Widerspruch, dass auf dem Kopf die Haare weniger werden, während an anderen Körperstellen der Haarwuchs zunimmt. Angeblich wirkt das Testosteron ausgerechnet auf dem Kopf wachstumshemmend, in Nase, Ohren oder auf dem Rücken dagegen wachstumsfördernd. Haare kommen auf einmal an Stellen, wo man sie noch nie hatte. Frauen sind darauf ein bisschen besser vorbereitet und zupfen und korrigieren einfach ein wenig mehr als zuvor, während Männer erst einmal fassungslos vor dem ersten langen Nasenhaar stehen. Ich glaube, viele sind wirklich überrascht und fragen sich: »Wo kommt das denn jetzt her?«

Es ist ganz wichtig, diesen Wildwuchs nicht mit Männlichkeit zu verwechseln! Denn nur weil Haare gerade wieder angesagt sind, zumindest Bart- und Brusthaare, wird man nicht Sean Connery 1966, weil man seine Ohren- und Nasenhaare sprießen lässt. Das hat nichts mit Männlichkeit und Potenz zu tun – das ist einfach ungepflegt. Trotzdem übersehen viele Männer diesen Fakt geflissentlich und denken, sie müssten weder die Nasenhaare noch die Ohrenhaare noch die merkwürdigen Haare, die irgendwo einzeln stehen, entfernen. Warum das so ist, ist mir nicht klar. Darüber müssen wir sprechen! Schritt 1 wäre erst einmal, dieses neue haarige Ich wahrzunehmen. Oft hat man das Gefühl, dass Männer denken: »Mein Rücken, das bin ich gar nicht.« Da muss man sich halt den Spiegel mal so stellen, dass man etwas sieht. Manche brauchen auch den Anstoß vom Partner oder von der Partnerin, aber Achtung: Ansonsten ist das nicht dessen oder deren Aufgabe! Ich finde es merkwürdig, wenn in Partnerschaften die Frau plötzlich Nasenhaare rasieren soll. Ich glaube, das ist der Romantik nicht förderlich. Niemand soll sich um die Rücken-, Ohren- und Nasenhaare kümmern – außer man selbst. Oder ein Barbier. Der kann das ebenfalls. Und der könnte sogar gleich die Augenbrauen mitzupfen. Die sind nämlich ein weiteres schwieriges Thema! Nimmt man zu viel weg, sieht man aus wie ein türkischer Popstar. Aber es sollte in der Mitte auch nicht alles zusammenwachsen. Die Monobrow, die Augenbraue, die in der Mitte zusammenwächst, ist ein Look für Muppets, aber nicht für Menschen. Ich empfehle jedem Mann, einmal pro Woche einen Haarcheck am Körper zu machen, um zu gucken: Was will ich, und was will ich nicht? Man muss sich beim Thema Haare immer um das Gesamtpaket kümmern: um die Entfernung der ungewollten Körperhaare und um die Pflege von Kopf- und Barthaar.

Der Bart ist aktuell ein interessantes Thema bei den Männern, weil der wieder sehr angesagt ist – viele tragen einen Bart, der ihnen überhaupt nicht steht. Auch viele junge Männer. Meine Mutter sagt immer, das sei die Krise der männlichen Identität: Die haben Angst vorm Feminismus und müssen nun als Statement einen Bart tragen. Ich finde, da sieht man derzeit sehr viel Elend. Und bei Männern über sechzig wird dieses ganze Bartthema noch viel heikler. Manchmal sind die Kopfhaare schon grau und der Bart noch schwarz. Oder die Kopfhaare sind gefärbt und der Bart sprießt in Grau. Da muss man sich die Frage stellen:»Färbe ich mir jetzt auch die Barthaare?« Und schon droht wieder das ganze Minenfeld der Farbpalette. Oft wird die alte Haarfarbe gewünscht, aber nicht genau getroffen. Da kommt dann so etwas Orange-Stichiges, Herbstbraun- oder Kastanienfarbenes heraus, womit man aussieht wie ein Schlagersänger. Schaltet man im Fernseher mal den *Fernsehgarten* im ZDF ein, sieht man sehr viele Farben im Männerhaar, die es eigentlich nicht gibt. Zum Beispiel diese sonnigen Strähnchen. Ich kann nur sagen: Aufgepasst mit Strähnchen! Man kann ja färben – und auch die Originalfarbe erhalten. Das muss aber gut gemacht werden. Und wenn man erst einmal damit anfängt – deshalb habe ich zum Beispiel nie gefärbt –, dann gibt es keinen Weg zurück. Dann muss man für immer färben. Deshalb erschien es mir einfacher, mich gleich für den natürlichen Weg zu entscheiden, um nicht mit Mitte siebzig alle zu erschrecken, wenn ich beschließe:»Ich möchte nicht mehr färben.« Wer einen Grauton hat, der einigermaßen schön ist, sollte ihn erst einmal kommen lassen. Das gilt für Männer und für Frauen. Sollte einem das dann nicht gefallen, kann man immer noch färben.

Der Mann hat grundsätzlich eine gewisse Selbstverständlichkeit dafür entwickelt, grau zu werden. Bei Frauen ist es immer noch die Ausnahme. Allerdings befürchte ich, dass bei ihnen der Zwang zu färben vor allem von außen kommt. Ich würde den Frauen die Freiheit wünschen, frei zu entscheiden, was sie haben wollen. Dass sie sagen können:»Ich färbe, weil mir mein Grau nicht gefällt.« Und nicht:»Ich färbe, weil ich sonst alt aussehe.« Bei Frauen wird oft bis ins hohe Alter gefärbt und geschminkt und generell alles ins Rennen geschickt.

Die Natur scheint lediglich eine Ausgangsleinwand zu sein – und dann fängt das Malen an. Das hat geschmackliche Grenzen. Wenn die Friseurin sagt: »Wir machen mal etwas Verrücktes.« Da muss man aufpassen! Auch wenn das Wort »apart« fällt, wird's gefährlich. Oder »frech«. Ebenso die Formulierung: »Mal etwas anderes …« Dann ist wieder Obacht angesagt, denn das bedeutet nie etwas Gutes. Sagt dann noch jemand »asymmetrisch«, landen wir sofort in der Pumuckl-Fraktion. Bitte aufpassen! Manchmal tragen ältere Frauen solche Blumenkohl-Frisuren, die unter die Rubrik sportlich fallen – und schlagartig sehen sie wieder aus wie der Wanderverein. Das soll es nicht sein! Kurz gefasst: Frauen machen häufig genug, aber nicht immer das Richtige. Und Männer umarmen den körperlichen Verfall für meinen Geschmack noch immer zu sehr. Die sollten unbedingt mehr machen!

Spezialthema: Haarausfall beim Mann

Haarausfall ist ein heikles Thema, das viele Männer (ich weiß: auch Frauen) sehr belastet. Aber gerade dem Mann empfehle ich, seine Haare einfach mal kurz zu schneiden – und zumindest zu versuchen, sich damit anzufreunden. Ich stand einmal bei einer Preisverleihung hinter John Travolta. Der sah von nahem beinahe aus wie ein Stickkissen, weil er offenbar Haare vom Hinterkopf nach vorn hat setzen lassen. Hinten wächst es zwar nach, dennoch sieht man die Naht – mich hat sein Hinterkopf an eine Patchwork-Puppe erinnert. Allerdings habe ich das Gefühl, dass diese Transplantationen inzwischen besser werden. Wenn ein Freund wirklich sehr, sehr darunter leiden würde, kahl zu werden, und keine Kopfform für eine Glatze hat, würde ich diesbezüglich im Bereich der Schönheits-OPs, gegen die ich eigentlich immer bin, sogar eine Ausnahme machen und sagen: »Okay, dann mach es halt.« Aber es muss sehr gut gemacht sein. Es gibt sehr teure Prozeduren, bei denen ganz langsam aufgeforstet wird, sodass du es wirklich nicht siehst. Mein Gefühl ist: Bei etwa fünfzig Prozent ist es gut gegangen, und bei den anderen fünfzig Prozent sieht man es. Hängen diese Männer obendrein noch dem zeitlosen Schlagerlook an – mit Locken und Strähnchen, denke ich jedes Mal: »Du liebe Zeit! Da ist das Gesicht 70, und die Haare sind 25.« Dann noch das weiße Schlagerjackett dazu ... Da gibt es wirklich schreckliche Beispiele. Davon möchte ich bitte nicht noch mehr sehen.

Beauty-Thema Kleidung

Dass mit zunehmendem Alter das Interesse am Äußerlichen nachlässt, sieht man meiner Meinung nach am deutlichsten an der Kleidung. Der Deutsche und die Deutsche neigen ja ohnehin zum Pragmatismus: Alles muss praktisch und gut waschbar sein. Das rein Dekorative ist den Deutschen suspekt. Ich stimme zu, dass man nicht aussehen muss wie ein Schmetterling, aber eben auch nicht wie ein gutgelaunter Wanderverein. Du erkennst im Ausland zuverlässig deutsche Touristen ab sechzig, weil die immer aussehen wie eine Wandergruppe, die gerade einen Berg besteigen will, obwohl sie durch die Innenstadt von Bologna spazieren – und die schicken Italiener lachen sich kaputt. Ich glaube, der frustrierendste Moment für einen deutschen Mann über sechzig ist, wenn er mit seinem Motto-T-Shirt, seiner Bluejeans und diesen komischen Turnschuhen, die alle so gern tragen, in einem italienischen Dorf sitzt, und dann spaziert so ein italienischer Signore mit gebügeltem weißen Hemd, Jackett, einer schönen Stoffhose und feinen Lederschuhen herein und ist zudem noch charmant und hat Ausstrahlung. Daneben sieht man doch aus, als wäre man vom Bolzplatz gefallen. In Deutschland leben wir eh im Land der Funktionskleidung. Das unterstützt jenseits der Sechzig das Unsichtbarwerden …

Bei vielen Älteren hat man fast das Gefühl, sie würden mit der Tapete verblenden oder mit dem Mülleimer oder dem Wald hinter ihnen. Man sieht sie kaum, weil sie sich selbst nicht mehr sichtbar machen oder sich selbst nicht mehr angucken wollen. Das führt zu einer Farbpalette, die zwischen Ocker-Beige, Dunkelblau und Schwarz tendiert. Manchmal ist noch ein fröhliches Grau dabei. Und gern hängen auch zehn identische Hemden oder T-Shirts im Schrank, weil man es wie Mark Zuckerberg halten will: Wenn ich jeden Tag zum grauen Shirt greife, ist das schon eine Entscheidung weniger … Auch von Michael Wendler habe ich gelesen, er besitze hundertmal das gleiche Hemd, weil er sich dann keine Gedanken über sein Outfit machen müsse und er immer – Zitat! – »supergeil« darin aussehe. Was soll ich dazu sagen? Meinungen divergieren … Ich find's furchtbar. Natürlich hat man die Qual einer Wahl weniger, aber ich möchte auch nicht jeden Tag Spaghetti Bolognese essen.

Selbstverständlich setzt man als junger Mensch Kleidung anders ein: zur Betonung der körperlichen Vorteile und zur

Partnerfindung. Das ist im Alter anders. Trotzdem bleibt Kleidung eines der wichtigsten Themen, wenn es um gutes Auftreten und Aussehen geht. Deshalb verstehe ich es nicht, wenn die meisten Menschen nachlässig werden und womöglich denken:»Ach, ist doch egal. Jetzt bin ich so alt, jetzt kann ich bequem und praktisch leben.« Und dann tut es plötzlich ein ausgewaschenes T-Shirt zur ausgeleierten Lieblingsjeans – und weil diese Entwicklung bei Männern und Frauen gleichzeitig einsetzt, führt das häufig dazu, dass Paare ab sechzig aussehen wie geschlechtslose Zwillinge. Ich weiß, dass sich im Laufe der Jahre im Schrank eine riesige Masse an Sachen ansammelt, sodass man denkt, man müsse nichts Neues kaufen. Da stößt dann das Praktische auf das Sparsame … Und obwohl ich ein großer Fan von Upcyclen, Recyclen, Secondhand und Nachhaltigkeit bin, bin ich auch sehr dafür, dieses Lieblings-T-Shirt aus der Studentenzeit, wenn es mit sechzig noch nicht verbrannt wurde, auszusortieren.

Das heißt, wir beginnen mit dem klassischen Marie-Kondo-Ansatz, räumen den Schrank einmal komplett aus und geben alles weg, was wir nicht mehr anziehen. Und im Anschluss stellen wir uns eine altersgerechte Garderobe zusammen, die total gut aussieht, nicht langweilig, sondern fashionable und schick ist. Kleidung muss in den Genussbereich rüber und Spaß machen. Und das langfristig. Deshalb unterstütze ich zum Beispiel keine Billigmode. Da investiere ich lieber in ein gutes Teil, das lange hält, als dass ich ein billiges nach dreimal Waschen wegschmeißen muss, weil es aus der Form geraten ist. Ich bin auch dagegen, im Internet einzukaufen. Da kriegst du zwar alles, musst aber viel zurückschicken – auch das halte ich für ökologisch nicht gut vertretbar. Wenn ich live und in Farbe anprobiere, weiß ich, wie es sich anfühlt, wie es aussieht und wie es mir steht.

Also: lieber das Geld nehmen, um wie früher in der Stadt shoppen zu gehen. Diesen Spaß am Verkleiden und Anziehen kann man nun endlich genüsslich ausleben, weil man ab sechzig mehr Zeit für die schönen Dinge des Lebens bekommt. Und dazu gehört die Kleidung.

Thomas' Klamotten-ab-sechzig-Grundregeln

Regel Nummer 1: Über sechzig muss man eher verhüllen als zeigen – das ist schon einmal das oberste Gebot. Was man nicht an anderen sehen will, bitte wegpacken!

Regel Nummer 2: Jede Tageszeit hat andere Erfordernisse an Klamotten. Ein Morgen-Outfit ist kein Abend-Outfit, ein Abendessen-Outfit ist kein Opern-Outfit und so weiter.

Regel Nummer 3: Jeder hat seine Stärken und Körperstellen, die besonders vorzeigbar sind. Die müssen betont werden!

Regel Nummer 4: Wir brauchen keine Übergangsjacken! Dafür gibt es nicht einmal eine Übersetzung. Kein Brite oder Amerikaner würde ein »Transit Jacket« kaufen. Wir haben Lederjacken, Mäntel, Dufflecoats, Trenchcoats – es gibt genug hübsche Alternativen.

Regel Nummer 5: Die Schuhe müssen immer das Dunkelste am Outfit sein, denn unten passiert die Erdung. Je heller der Schuh ist, desto heller und leichter muss es obenrum werden. (Das gilt allerdings auch für Jüngere.)

Die Mode für den Herrn ...

Fangen wir mal mit den Männern an. Viele sehen aus, als gingen sie zur Werkbank oder würden gerade den Schuppen entrümpeln wollen. Sie tragen zu ihrer ausgebeulten Lieblingsjeans das verwaschene Polohemd in Ockerfarbe, bei dem sich der ungebügelte Kragen etwas ungeliebt an den Nacken rollt. Unauffälligkeit ist Pflicht! Warum eigentlich? Ich bemühe mich immer, das Florale bei mir reinzukriegen. Ich mag floral und heiter. Sehr fröhlich und sehr bunt. Geschmackvoll und nicht zu jugendlich. Denn die Jugendlichkeit ist das zweite große Problem der Männermode im fortgeschrittenen Alter. Ich ziehe keine Kapuzenhemden oder Sweatshirts und vor allem keine Jogginghosen an, wenn ich aus dem Haus gehe. Sportswear hat was mit Sport zu tun – diese Sachen sind für den Sport reserviert. Ich verstehe nicht, wie Leute in Sportklamotten durch die Fußgängerzonen oder Restaurants dieser Welt laufen können. Was denken die Männer? »Das ist halt bequem, und es macht mich jugendlich«? Ich finde, das falsch angezogene Sportswear-Teil verleiht einem als Mann keinen jugendlichen Anstrich, sondern man siehst albern und verloren aus, weil man etwas nachtrauert, das man nicht mehr kann und ist.

Wenn da zusätzlich jugendliche Sprüche draufstehen, macht es das noch schlimmer. Und ich rede gar nicht von Ballermann-Shirts oder lustigen Motto-Sprüchen. Man muss bei Aufdrucken einfach immer aufpassen, dass der Text nicht wie eine schlechte Werbeaktion auf dem Rücken klebt und der Körper schon ausstrahlt, dass die Werbung nicht eingelöst werden kann. Das ist nicht vorteilhaft. Außerdem scheinen viele nicht zu wissen: Wenn man schon irgendeine Form von Aufdruck auf seinem Oberteil haben möchte, dann sollte man aufpassen, dass der auf der Brust sitzt, damit er vom Bauch ablenkt – sobald Schriftzug oder Bild über den Bauch spannen, wird dieser nämlich noch mehr betont. Genau wie bei dem Gürtel, den manche Männer quer über ihren Bauch tragen, als hätte irgendwer eine waagerechte Linie gezogen. Man trägt den Gürtel unter dem Bauch! Und beim Thema Gürtel ein zweiter ganz klarer Aufruf an meine Geschlechtsgenossen: Habt den Mut zum Zweitgürtel! Es gibt mehr als einen Gürtel. Ich kenne wirklich Männer, die beim Gürtelkauf überfordert sind, weil sie nicht wissen (wollen), wie viele Löcher er haben soll. Stattdessen tragen sie lieber eine Abendhose mit Jeansgürtel. Das ist ein No-Go.

Das Problem ist, dass diese ganzen Unarten im Alter mehr auffallen. Man kommt als junger Mensch eher mit seinen Geschmacklosigkeiten durch, weil das Gesamtbild attraktiver ist. Da ist es nicht spielentscheidend, ob der knackige Dreißigjährige nun einen oder zwei Gürtel besitzt … Im Alter wird das alles wichtiger. Aber auch hier kann uns mal wieder das italienische oder französische Modell retten: Das gebügelte weiße Hemd hat noch keinem Mann geschadet. Ich verstehe nicht, warum das in Deutschland überwiegend Kellner tragen. Es ist eigentlich das perfekte Kleidungsstück für jedes Alter. Es muss halt – ich höre den Aufschrei – gebügelt sein. Ich weiß, dass viele Männer nicht gern bügeln, die meisten *lassen* allenfalls gern bügeln. Aber leider ist das der Trick bei vielen guten Materialien, dass sie gebügelt besser aussehen. Da müssen wir einfach durch. Es gibt angeblich Männer, die nur die Front und den Kragen bügeln, weil sie über den Rest dann ihr Jackett ziehen. Jacketts sind ohnehin immer der beste Trick, um nicht nur ungebügelte Ärmel, sondern vor allem einen Bauch zu kaschieren! Sie überspielen genau die Taille und die schwierige Gürtelpassage und sind deshalb perfekt. Man muss auch nicht gleich einen ganzen Anzug tragen. Jacketts funktionieren zu Jeans und zu Stoffhosen.

Ganz schlimm allerdings – und leider sehe ich das im Fernsehen bei meinen Kollegen oft – ist das zu eng sitzende Jackett. Ich verstehe es nicht! Das ist immer Wille über Wahrheit. Also: Der Mensch guckt in den Spiegel, sieht, dass es zu eng ist, aber will es nicht akzeptieren, dass er dicker geworden ist. Er denkt: Ist egal, ich zieh den Bauch ein! Das bezeichnen wir als Steh-Jackett. Das klappt vielleicht auf dem roten Teppich oder beim Stehempfang mit einem Glas in der Hand. Ich empfehle aber, jedes Jackett im Sitzen und aufgemacht zu probieren. Bei Männern ist es wichtig zu gucken, was passiert, wenn man die Knöpfe öffnet und sitzt. Wo geht da alles so hin? Also: Nicht nur von vorn im Stehen vorm Spiegel posen und den Bauch einziehen! Auch von der Seite gucken und im Sitzen! Alfred Biolek wurde von der damals noch existierenden *Männer Vogue* mehrfach zum »Best dressed Man of the Year« gewählt. Und eines seiner Lieblingskleidungsstücke war das Jackett! Alfred Biolek ist ohnehin ein Vorbild für mich, wie man sich mit über sechzig gut kleiden kann. Er war einer der ersten Männer in der deutschen Fernsehlandschaft, der diesen mediterranen Stil pflegte. Er trug immer Farbe und hatte keine Angst vor Altrosa- oder Senftönen in Kombi mit einer Weste und einem Hut – also immer in diesem südfranzösischen Look, der eigentlich vielen Männern steht. Ich weiß, dass wir nicht an der Côte d'Azur oder im italienischen Positano leben, dennoch sind Teile dieses Styles die Rettung für alle Männer ab sechzig. Da muss man sich vielleicht sogar mal trauen, einen Strohhut aufzusetzen – wenn man ein Hutgesicht hat. Ich habe leider keins.

Meine Mutter kann jeden Hut tragen, ich nicht. Was schade ist, weil Hüte neben Einstecktüchern, Manschettenknöpfen und Uhren die einzigen Accessoires sind, die wir als Männer haben. Die Herrenhandtasche, die gut aussieht, ist ja leider noch nicht erfunden worden. Das wäre wirklich einer meiner Wünsche für unsere modische Zukunft, dass wir Männer die Möglichkeit bekämen, so schöne Taschen zu tragen wie die Frauen. Ich glaube, es gäbe einen riesigen Markt … Ein bisschen hoffe ich, dass die fluide Jugend, junge Männer, die sich derzeit alles vom Nagellack bis zum Rock erobern, die Handtasche nach vorn bringen. Wo sollen wir denn sonst unser Portemonnaie, unser Handy und unsere Schlüssel verstauen? Das führt meist zu dem bekannten Problem: Du steckst alles in die Hosentasche, und alles beult und bläht sich. Sie sehen, lieber Leser, liebe Leserin: Männermode ist ein weites Feld. Und es gibt noch so viel zu tun …

Und jetzt die Damen

Kommen wir zu den Damen. Da bricht sich ab sechzig etwas die Bahn, das in eine ganz andere Richtung geht als bei den Männern, aber ebenfalls keinen Sinn macht: der Mut zur Vielfarbe. Das Motto scheint zu sein: »Ich hab's noch drauf, ich bin noch da, ich höre Gitte Henning: Ich will alles! Und deshalb fange ich an, ganz wild zu kombinieren.« Zu wenig Farbigkeit ist bei den Damen ab sechzig nicht das Thema, sondern eher zu viel. Die Wandertruppen-Ladys gibt's auch immer – und wer nicht aussieht wie das Mitglied einer Wandergruppe, der trägt sehr, sehr floral und ausgesprochen bunt – und immer einen Schal. Ich finde, eine Frau muss nicht aussehen wie ein explodierter Farbkasten. Mehr ist da nicht mehr, vor allem, wenn man dann neben dem Mann in der Übergangsjacke aussieht wie das Blumenbeet mit Pumuckl-Frisur und frechem Schal. Dann wird es echt kritisch.

Ich würde empfehlen: Nicht so viel kombinieren. Glitzer ist schön, I like Glitter, nur nicht überall. Es muss nicht an der Handtasche glitzern, am Arm, in dem bestickten bunten Logo-Top mit dem Leoparden. Überhaupt würde ich ab sechzig sagen: Stopp den Animal Print! Es gibt vielleicht vier Frauen, die das tragen können, und Kate Moss ist wahrscheinlich eine davon – die kann auch mit sechzig noch im Tigeroberteil an der Bar sitzen. Aber der normalen Frau würde ich sagen: »Lassen wir das mal weg.« Das Gleiche gilt für den Minirock. Und bei den Stilettos gehen wir allmählich ebenfalls einen Zentimeter runter – zumal das gesünder ist und der Wirbelsäule mehr Freude macht. Ohnehin bin ich ein großer Feind dieser Sexy-Hexy-ab-sechzig-Polemik, die derzeit durch die Welt zieht. Diese operierten *Housewives of Beverly Hills* Reality TV Stars und viele Hollywood-Damen wollen jenseits der Sechzig noch aussehen wie Prostituierte – und das finde ich schrecklich. Ich will keine sechzigjährige Frau in Minirock und High Heels auf dem Bett gestreckt sehen in einer Pose, die sexuelle Verfügbarkeit darstellt. Wann ist dieser Nutten-Look passiert? Der zieht sich mittlerweile durch alle Altersschichten, von 14 bis 74. Dabei ist Hotness aber spätestens ab sechzig nicht mehr das passende Thema – weder für Männer noch für Frauen. Nicht, dass man nicht flirten kann, aber wie soll man denn in dem Alter hot aussehen, ohne lächerlich zu wirken? Ich finde, wir brauchen ein bisschen mehr Catherine Deneuve als diesen Teenager-Look, bei dem die Mutter versucht, so girlish auszusehen wie die Tochter – was wahrscheinlich ohnehin die schlimmste Idee der vergangenen zwanzig Jahre ist: wenn Mutter und Tochter best friends sind und gleiche T-Shirts und gleiche Jeans tragen. Eine schreckliche Idee, die von Männern erfreulicherweise nie aufgegriffen wurde. Bilder, auf denen Väter und Söhne das gleiche Outfit tragen, haben sich nicht durchgesetzt.

Warum orientieren sich Frauen ab sechzig nicht an der eleganten Französin, sondern gehen eher in Richtung Madonna? Diese Frau hat uns ästhetisch doch längst verlassen. Sie ist fünf Jahre älter als ich, in ihrem Jugendwahn gefangen und schreit auf jedem Foto: »I'm still hot!« Das tut einem wirklich weh. Ich finde, das ist sogar für Frauen meines Alters tragisch, die mit Madonna als Idol aufgewachsen sind, wenn die Oma noch immer mit dem tätowierten Hinterteil vor der Kamera hängt. Man muss nicht aussehen, als wäre man mit dem Wanderverein unterwegs, aber man könnte sich doch den Ikonen der Siebziger und Sechziger annähern wie zum Beispiel Coco Chanel. Eleganz ist auch im Alter eine gute Richtschnur. Ich finde zum Beispiel, dass die Schauspielerin Helen Mirren oder die EZB-Chefin Christine Lagarde immer gut angezogen sind, die sehen nicht hot aus. Das wird von der Präsidentin der Europäischen Zentralbank allerdings auch nicht erwartet ... Sie trägt Schals, Tücher, Kragen und hat immer eine gute Frisur. Der Haarschnitt ist übrigens sowieso das A und O, the good cut – und der ist keine Frage des Geldes. Es gibt also auch für ältere Frauen ganz tolle Vorbilder – keine muss dem Jugendwahn verfallen. Stattdessen lohnt es sich wieder, nach Südeuropa zu gucken: Die weiße Bluse steht auch der Dame ab sechzig hervorragend. Insgesamt sollten Frauen bei ihrer Kleiderwahl auf Klarheit achten. Und darauf, dass alles zusammenpasst.

Weil ich im Theater arbeite, schaue ich mir natürlich gern die Theater-Outfits an. Viele deutsche Frauen besitzen ein Theater-Jäckchen, das glitzert und ein bisschen aussieht wie Moulin Rouge für Osnabrück. Ich mag die eigentlich ganz gern, weil ich Pailletten grundsätzlich unterstütze und finde, die müssen getragen werden. Aber wenn auf einmal aus der deutschen Frau der Pariser Lido hervorbricht, braucht sie dazu die passende Handtasche. Dann passt nicht der normale Lederrucksack – das kollidiert. Und auch wer seine Theaterjacke in den Achtzigern gekauft hat, benötigt ein Update, weil sich inzwischen viel getan hat bei Schnitt und Qualität. Dennoch ist mir das noch immer lieber, als wenn man in seinen alten Jeans und dem ausgeleierten Pulli ins Theater geht. In Berlin, wo ich lebe, ist das Niveau leider schon so tief gesunken, dass ich in der Oper Leute in Jeans und T-Shirt entdecke und wirklich langsam den Glauben an die Deutschen verliere, die da vor mir sitzen. Das können die in Wacken anziehen, finde ich. Aber doch nicht in der Oper! Und nicht mit einer ganz normalen Handtasche oder einem normalen Rucksack kombiniert!

Wenn wir schon bei den Accessoires sind: Brillen sind ein toller Trick! Du kannst mit einer guten Brille von den ganzen Falten um die Augen ablenken. Mal ganz abgesehen davon, dass man auch besser gucken kann, weil die Augen immer schlechter werden … Aber selbst wenn die Augen noch gut sind, würde ich jeder Frau empfehlen, in eine gute Brille zu investieren. Die macht die Augenpartie noch frischer, weil man oben im Gesicht einen starken Kontrast setzt. Vor allem für Frauen gibt es wirklich tolle Modelle.

Wohin mit den alten Lieblingsstücken?

Ja, es gibt sie, die Kleiderstücke mit Erinnerungen, die man auf gar keinen Fall entsorgen möchte. Die habe ich auch. Und die hat auch mein Mann. Aber wir ziehen sie nicht mehr an, sondern verstauen sie in einer Kiste, weil diese Erinnerungs-Klamotten mal ein Erinnerungs-Quilt werden sollen. Dann siehst du noch die Patches der Klamotten, die du positiv in Erinnerung hast, und erinnerst dich an die Gelegenheit, zu der du sie getragen hast – du ziehst sie aber nicht mehr an. Ich habe zum Beispiel eine gelbe Felljacke, die ich ab Anfang zwanzig bestimmt zehn Jahre lang zu jedem Anlass getragen habe. Die kaufte ich in New York, und die wartet nur darauf, eine Decke zu werden. Eigentlich war sie schon damals wie eine Decke. Ich finde, das ist ein schöner Tipp für alle, irgendwann auf seiner Couch zu sitzen und zu sagen: »Oh, ich liebe dieses Muster. Ich erinnere mich an diesen Stoff, ich hülle mich jetzt in meine Vergangenheit in meiner Decke.«
Und dann gibt es noch diese Zwischenstücke, die man nicht richtig liebt, immer noch schön findet, aber nicht mehr anziehen kann. Die bringe ich zum Secondhandshop. Oder – was wir auch manchmal machen: Wir hängen alle Klamotten, die wir nicht mehr tragen, an eine Stange und laden Freunde ein, damit die sich etwas aussuchen können. Wir geben diese Dinge weiter und finden, das ist die schönste Art von Recycling, weil man nebenbei ein Glas Sekt trinken und gucken kann, wie die Freunde oder Freundinnen in den Klamotten aussehen. Das ist eine schöne Aktion, die man einmal im Jahr machen kann.

Das richtige Make-up

Frauen über sechzig haben folgende Vorteile: Sie wissen meist, welcher Typ sie sind und welche Farben ihnen stehen. Sie haben also sehr viel Wissen, das sie beispielsweise mit zwanzig noch nicht hatten. Da ist man noch jedem Trend hinterhergelaufen oder hat gemacht, was die Freundinnen schön fanden. Mit dreißig und vierzig hat man sich vielleicht danach gerichtet, was Männern gefällt. Mit sechzig kann man sich von allen Trends freischwimmen und nehmen, was man mag! Jetzt ist es wichtig, nicht nur das zu machen, was man immer gemacht hat, weil einem das die beste Freundin mit 25 mal empfohlen hat. Stattdessen sollte man gucken, was man wirklich möchte. Manche haben mit 25 beschlossen, dass ihnen roter Lippenstift besonders steht – und seitdem behalten sie das bei. Ich habe erlebt, dass Frauen sehr happy waren, wenn sie in den Sechzigern noch mal eine Beratung gemacht oder ein bisschen experimentiert und dann feststellt haben: Nur weil ich die Wimpern immer in dieser Farbe getuscht und den Lidstrich immer so gesetzt habe, muss das nicht so bleiben. Nicht jede Frau liebt Make-up. Viele Frauen lassen das gern auch mal weg. Aber grundsätzlich könnte man mit sechzig noch einmal etwas ausprobieren. Und – jetzt kommt's! – das gilt auch für die Herren.

Vor zehn Jahren wäre noch jeder geschminkte Mann als schwul bezeichnet worden. Und natürlich sind wir auch heute noch weit davon entfernt, dass bei jedem Mann das Kompaktpuder ganz selbstverständlich in der Jacketttasche steckt. Dabei kann ich das jedem empfehlen … Ohne geschminkt auszusehen, kann man sich nur um die Augen herum fünf Jahre Frische draufpacken. Ich habe mein Puder immer dabei, weil ich finde:

Es kann wirklich etwas verbessert werden durch gute und subtile Schminke. Klar, ich bin das durch meinen Beruf gewohnt und habe oft gesehen, wie Profis das machen, und konnte mir das abschauen. Aber ein Mann könnte auch eine Freundin fragen oder selbst herumexperimentieren, was natürlich aussieht – und was nicht. Die meisten kennen nicht einmal den Unterschied zwischen Foundation und Puder. Da muss auf jeden Fall nachgearbeitet werden! Gerade Puder sieht an keinem Mann schlecht aus. Besonders, wenn man es nur um die Augen herum aufträgt und nicht im ganzen Gesicht. Jetzt denken Sie vielleicht: »Ja, bei dem Hermanns ist das kein Wunder …« Aber ich kenne durchaus jüngere heterosexuelle Männer außerhalb der Showbranche, die das gelegentlich nutzen.

Gerade im Moment sehen wir auf der Straße ständig Jungs mit Frisuren, bei denen die Locken aufgedreht werden müssen. Dagegen sahen meine Klassenkameraden aus den Siebzigern aus, als hätte man sie aus dem Müll gezogen. Damals war alles fettig und lang und irgendwie ungepflegt. Die jungen Männer heute sind ganz anders. Manche tragen sogar Wimperntusche, Nagellack und Rouge. Wenn ich in Berlin Jungs mit Wimperntusche sehe, sind das tendenziell eher Südeuropäer – und die gehen ja meist insgesamt besser mit sich um und tun viel mehr als Heinz-Jürgen … Wobei ich bei Männern in meinem Alter beim Rouge-Pinsel auch sagen würde: Obacht! Das kann ins Auge gehen! Dennoch halte ich Schminkkurse für Männer ab sechzig für eine Marktlücke, weil es einiges gibt, was die lernen können. Zum Beispiel beim Wimperntuschen herrscht völlige Ratlosigkeit. Viele Männer gucken die Wimperntusche an, als wäre es eine Schusswaffe. Die haben sie noch nie in der Hand gehabt, sie ist ihnen vollkommen fremd, und sie wüssten gar nicht, was sie damit tun sollten. Ich meine: Das ist auch schwer – das wissen alle Frauen. Aber es ist nicht so, dass man es nicht lernen könnte. Man muss eben ein bisschen üben – und aufpassen mit der Dosierung. Ich tusche meine Wimpern, wenn ich mich schick machen will. Wenn ich einen Anzug trage oder ausgehe, wenn ich ein nachtblaues Hemd trage und denke: »Jetzt möchte ich meine Wimpern auch ein bisschen südlich verwegen haben.« Dann tusche ich nach. Manchmal mache ich das auch bei Business-Meetings, wenn ich gut aussehen und mich präsentieren will. Dann sind das ganz normale Hilfsmittel. Und auch das ist mit sechzig wichtiger als mit dreißig, weil die Haut nachlässt, man Flecken bekommt und sich ein bisschen verschönern könnte. Alles kann, nichts muss.

Es gibt viele Frauen, die können gar nicht ohne. Die sagen: »Ich würde niemals ungeschminkt aus dem Haus gehen.« Das finde ich stressig, und ich frage mich wieder: Machen sie das freiwillig? Oder ist das einmal mehr der Druck der Gesellschaft, die vermittelt: »Wir wollen dich nicht ungeschminkt sehen!« Dahin möchte ich die Herren nicht befördern. Und ich möchte auch nicht, dass jeder sich eine halbe Stunde vor dem Spiegel schminkt, ehe man aus dem Haus gehen kann. Auch das ist zu viel des Guten! Ich finde, man sollte das unterstützend und mit Spaß machen. Meine Generation scheut bislang noch davor zurück. Aber da kann ich sie – aus der Showbranche kommend – ja ein bisschen ermuntern. Und vielleicht wäre das ein lustiges Geburtstagsgeschenk für den Gatten. Wer weiß, ob Heinz-Jürgen dann nicht doch noch mal zum Pinsel greift …

Gut aussehen vor der Kamera

Nach über dreißig Jahren Fernsehkarriere überlege ich zunehmend genauer, welche Sendung ich mache – und welche nicht. Grob unterteile ich in Sitzshows, Stehshows und Laufshows. Sitzshows sind die schönsten Shows der Welt – zum Beispiel die klassische Talkshow. Also: Leute, die in Sesseln sitzen. Das ist bequem, das ist lustig, und nichts kann schöner ausgeleuchtet werden als eine Sitzposition, weil du dich nicht bewegst und das Licht ganz genau auf dich ausgerichtet werden kann. Der Hintergrund ist meist dunkel – und das ist immer die beste Situation, die du haben kannst: Wenn es hinten absäuft und ein Licht von oben bestens aufs Gesicht zielt, dann strahlen meine kleinen Augen, und sprechen können sie plötzlich auch noch.

Bei *Wer wird Millionär* hat man zum Beispiel ein optimales Licht. Wenn es in der Sendung langsam abdunkelt, sieht Herr Jauch plötzlich aus wie vierzig, und auch jeder Kandidat wirkt schlagartig mindestens zehn Jahre jünger. Ein anderes gutes Beispiel ist *Genial daneben*. Nicht ohne Grund sitzen Hugo Egon Balder (Jahrgang 1950) und Frau von Sinnen (Jahrgang 1959) in ihrem hohen Alter dort noch immer auf ihren Stühlen – und sehen bombig aus. Bei Hella staune ich eh immer, wie sie es schafft, mit ihren Brillen und Frisuren sofort nach von Sinnen auszusehen, während man das Gefühl hat, bei ihr hätte sich gar nichts verändert … Das klappt, weil alle sitzen und alles perfekt inszeniert werden kann. Deshalb sind das meine Lieblingsshows. Überall, wo ein Sessel steht, gehe ich gern hin.

Bei Stehshows steht man an einem Pult. Das ist zum Beispiel bei Gameshows häufig so. Da bewegt man sich allerdings ein bisschen mehr, sodass die lichtsetzenden Kameraleute nicht mehr ganz so perfekt ausleuchten können. Der Hintergrund ist häufig ein bisschen heller. Aus Gründen, die ich noch nicht verstanden habe, steht man als Kandidat oft vor silbernen Hintergründen, die ganz merkwürdig abstrahlen. Und man weiß ganz genau, dass es auf jeden Fall einen Profilschuss geben wird, was ich nicht mag, weil ich finde: Mein Profil ist nicht unbedingt meine beste Seite, da fühle ich mich nicht so attraktiv wie von vorn. Und noch weniger, seit ich durch die Pandemie-Zeit ein bis zwei Kilo zugelegt habe. Deshalb versuche ich dieser Einstellung zu entgehen, indem ich in alle Richtungen gucke, damit ich möglichst von vorn gefilmt werde, was aber nicht immer klappt.

Die alten Diven hatten früher – lange vor Botox – Tricks, wie sie in den Fernsehshows spitzenmäßig aussehen konnten. Ich denke an das berühmte Pflaster-Lifting, bei dem man sich mit Pflastern die Haut straff aus dem Gesicht zog. Darüber wurde dann die Frisur gekämmt, weshalb viele berühmte Sängerinnen und Schauspielerinnen ab einem gewissen Alter nur noch Bobs mit Pony trugen, um die Haare geschickt über die Pflaster schieben zu können. Die Königin des Pflasters war angeblich Hildegard Knef. Ein befreundeter Regisseur erzählte einmal, dass er die Maske betreten und gewusst habe, dass die Knef dort sitzen müsse. Doch er habe sie nicht erkannt. Es sei für ihn nicht auszumachen gewesen, welche der Damen welche gewesen sei. Deshalb habe er in den Raum gerufen: »Guten Morgen, Frau Knef!« Und die eine, die geantwortet habe, war es dann. Die älteren Maskenbildnerinnen erzählen, dass die Diven früher immer ihre Autogrammkarten in den Taschen hatten und sagten: »So soll es werden!« Und dann haben die Masken-bildnerinnen daran gearbeitet, dieses Bild zu erreichen. Klar: Mit dicken Brillen und Perücken geht da natürlich mehr – bei uns Männern ist diesbezüglich weniger möglich. Wir müssen auf freundliches Licht hoffen …

Wo die schlimmsten Lichtsituationen herrschen und auch eine gering ausgeprägte Eitelkeit am tapfersten sein muss, sind die Laufshows. Von denen gibt es jedes Jahr mehr, seit Stefan Raab erfunden hat, dass Menschen Parcours beackern, von Tür-men springen und Rutschen hinunterrutschen müssen. Also: Du rennst ständig in Grenzsituationen. Bei solchen Sendungen überlege ich am längsten, ob ich da noch mitmachen muss, weil ich mich nicht verletzen möchte.

Kürzlich war ich zum Beispiel in einer großen SAT.1-Primetime-Show eingeladen, bei *Die Gegenteilshow*. Im großen Schlussspiel mussten meine Spielpartnerin Beatrice Egli und ich in eine Art Hamsterrad, das aussah wie ein richtiges Zim-mer und sich komplett drehen konnte. Dort sollten wir inner-halb von zwei Minuten Dinge finden, während wir teilweise auf dem Kopf standen. Das war richtig gefährlich! Ich flog durch die Gegend, sodass alle schon Angst bekamen, ich könnte mich verletzen. Und Beatrice – deutlich unter sechzig – konnte das viel besser ab. Da muss man wirklich aufpassen, dass man sich durch diesen Adrenalinschub im Spiel nicht verletzt. Bei mir kam sogar der Studioarzt und hat geschaut, wie es mir geht. Das war grenzwertig. Bei den nachfolgenden Spielen haben sie das Sofa entfernt, auf das ich immer geknallt bin … Mir fällt auch noch eine andere Laufshow ein, bei der Tim Mälzer Feuer gefangen hat. Also insgesamt muss man bei diesen Spektakeln mittlerweile aufpassen, weil die sich immer wildere Parcours ausdenken, denen man sich ab sechzig nicht unbedingt noch aussetzen sollte. Das ist etwas für die jüngeren Sportlichen, aber nicht für uns.

Team Thomas: Stylistin Seti Makinejad

Seti zog im Anschluss an eine Schneiderlehre nach Paris, um dort an einer Modeschule zu studieren, bevor sie nach Deutschland zurückkehrte und fortan bei SAT.1 als Chefstylistin für das Erscheinungsbild sämtlicher Moderatoren zuständig war. Seit einigen Jahren arbeiten wir beim *Quatsch Comedy Club* und auch bei einigen Musicals sehr erfolgreich – und vor allem sehr gern! – zusammen. Nebenbei designt und fertigt Seti in einem eigenen kleinen Atelier besondere Kleidungsstücke für ganz besondere Anlässe wie Hochzeiten oder Shows.

Folgendes Thema: Mode und Styling ab sechzig. Ich habe ein paar Theorien und würde zum Beispiel sagen: »Aufpassen bei jugendlicher Sportkleidung und bunten Farben!« Was ist deine Meinung als Fachfrau?
Ich finde, dass Sechzigjährige mit Hoodie und Sporthose gut aussehen können – es müsste nur entsprechend wertig sein und gut sitzen. Das sollte nicht mit einer ausgeleierten Baggy-Hose kombiniert werden.
Also ist der Schnitt entscheidend?
Der Schnitt sollte im höheren Alter ein bisschen gemäßigter sein. Das sieht man häufig bei den guten Designern: Die packen ihre Klientel ja durchaus in den Zeitgeist, aber mit wertigen

Stoffen und sehr guten Schnitten. Prada-Kunden zum Beispiel haben Geld, sind häufig älter und sehen dann in den sündhaft teuren Hoodies wirklich gut aus.

Aber wenn ich nicht das Geld habe für Designerklamotten, wenn ich als normaler Mann oder als normale Frau nicht aussehen möchte wie Omma oder Oppa. Was mache ich dann?

Das war nur ein Beispiel. Du kannst dich auch günstiger gut kleiden. Ich finde ohnehin nicht, dass es irgendwelche strengen Grenzen gibt. Ältere können sogar schräge Farbmixe wagen, wenn die gut zusammenpassen. Man braucht nur einen sicheren Geschmack. Die amerikanische Geschäftsfrau Iris Apfel ist über hundert und trägt nur knallige Farben.

Iris Apfel trägt auch immer große Brillen …

Und die sind so markant, dass man nicht mehr so genau auf das Gesicht guckt …

Das ist ein guter Trick.

Auf jeden Fall ein gutes Accessoire.

Wenn man nach Südeuropa schaut, nach Spanien und Italien, sind die Menschen grundsätzlich schöner und geschmackvoller angezogen, finde ich.

Ich finde, man muss aufpassen, dass man sich nicht verkleidet. Wenn man sein ganzes Leben nicht der mediterrane Typ war, wirkt es vielleicht künstlich. Deine Kleidung muss deinen Typ unterstreichen, deinen Geschmack treffen – das musst DU sein. Das beste Beispiel ist eine Freundin von mir, die ist komplett blass, wirklich weiß wie ein Bettlaken, und ihre Lieblingsfarbe ist nude. Die kauft sich nur nude Kleider und nude Pullover, und sie sieht immer gut darin aus, weil sie es liebt und mit einer Selbstverständlichkeit trägt, dass es einfach passt. Man muss seinen Stil finden. Und dabei hilft, wenn man ein bisschen Geschmack mitbringt.

Jetzt hat man ja im Alter oft Problemzonen …

Die kann man gut kaschieren.

Ich sehe viele gleichaltrige schwule Freunde, die immer noch hot auf die Piste gehen wollen …

… mit zu engen und zu kurzen Pullovern.

Die wählen ihr T-Shirt zu eng, weil sie denken, dann seien sie wieder heiß und begehrenswert. Da muss man auch aufpassen, oder?

Absolut! Es gibt auch Frauen, die meinen, sie seien top in shape, und ziehen sich viel zu kurze Röcke an – und dann sieht man ihre faltigen Knie. Das ist nicht vorteilhaft. Mit einer blickdichten Strumpfhose kann das aber wieder gut aussehen.

Ich erlebe oft bei Leuten, dass die ihr jüngeres Selbst ansteuern.

Das liegt wahrscheinlich daran: Ich gehe jetzt selbst auf die Sechzig zu, aber ich fühle mich im Kopf überhaupt nicht so alt. Ich fühle mich nicht älter als vierzig. In unserem Freundeskreis sind alle jung geblieben.

Aber wenn ich irgendwo in den Spiegel gucke, muss ich doch – egal wie jung ich mich fühle – den Blick auf die Realität wenden.

Das fällt halt schwer, weil man nicht älter werden möchte.

Und wie tricksen wir dann? Indem wir das Licht in der Ankleidegarderobe ganz hell aufdrehen?

Indem wir alles durchprobieren, was im Schrank ist. Wenn da ein Blazer hängt, der eine Kapuze hat und ein bisschen kürzer und jünger geschnitten ist, dann probieren wir den an und müssen entscheiden: »Können wir das noch tragen? Oder sollten wir das aussortieren?« Meist hilft es, wenn jemand dabei ist, der Geschmack besitzt und ehrlich sagt: »Das geht jetzt nicht mehr!« Es gibt zum Beispiel diese englisch geschnittenen Anzüge mit den zu kurzen Beinen und den zu kurzen Jacken, bei denen man als Mann völlig rausgewachsen aussieht. Ab einem gewissen Zeitpunkt kannst du so etwas nicht mehr tragen, auch wenn du das gern möchtest.

Und das kann dir ein Profi sagen oder eine gute Freundin oder ein Freund.

Bei mir ist das meine Tochter.

Und das darf man dann nicht als Aufforderung betrachten, sich in Rentner-Beige und die praktische deutsche Wanderjacke zu hüllen.

Und dafür gibt es hunderttausend Möglichkeiten.

Dann suchen sich alle Leser und Leserinnen jetzt bitte jemanden, der ihnen die Wahrheit sagt.

Besser nicht den Partner. Der will ja nicht verletzen. Vielleicht eine neutrale Person.

Ich freue mich, dass du mit deiner Tochter so ein Verhältnis hast, dass du dich nicht verletzt fühlst.

Ich habe mich schon verletzt gefühlt, aber ich schlucke es dann runter. Da wiederum kommt mir das Alter zugute: Ich bin alt genug, dass ich es einfach runterschlucken kann.

3. Kapitel: Die neue Beziehung – Ärzte

Ab sechzig muss man sich klar darüber sein, dass man eine Arztpraxis künftig häufiger besuchen wird als beispielsweise den Techno-Club auf Ibiza. Ich bezeichne meine Ärzte noch nicht als Verwandtschaft oder Familienersatz, aber es sind definitiv Leute, die sehr, sehr wichtig sind in meinem Leben und die ich in den kommenden Jahren vermutlich öfter sehen werde als jemals zuvor. Deshalb ist es wahnsinnig wichtig, sich jetzt noch einmal das Verhältnis zu seinen Ärzten genau anzugucken, zu strukturieren und neu zu bewerten, weil das Dauerbekanntschaften werden, auf die man sich verlassen können muss. Und da ist mein Haupttipp und mein Hauptansatz DAS COMEBACK DES HAUSARZTES.

Ich bin ein riesiger Fan des Hausarztes, der dich gut und lange kennt und der den Überblick hat. Ich würde eine Demo starten, damit Hausärzte endlich geehrt, gefeiert und angemessen vergütet werden. Ich weiß, dass viele Deutsche lieber gleich zum Spezialisten rennen und dabei nicht bedenken, dass dabei etwas Wichtigen verlorengeht: der Überblick. Zumindest, solange wir nicht eine Krankenakte haben, die alle einsehen können … Deshalb lautet die Aufgabe für die neue Dekade: Suche dir einen Arzt, bei dem du dich gut aufgehoben fühlst und der sich für dich bei Bedarf auch mehr als die knapp acht Minuten Zeit nimmt, die ein Hausarzttermin in Deutschland im Durchschnitt dauert. Ich weiß aus eigener Erfahrung, dass diese Aufgabe nicht ganz leicht ist. Mein langjähriger Hausarzt hat gerade aufgehört und arbeitet neuerdings im Gefängnis. Total spannend – aber leider nicht schön für mich! Man will nicht zehn Jahre seine Urinproben dorthin gebracht haben, um sich dann, wenn der Arzt wirklich wichtig wird, einen neuen zu suchen. Gerade habe ich jemanden gefunden, bei dem ich das Gefühl habe, der könnte mein Neuer werden. Das ist wie eine Dating-Phase: Ich muss jetzt erst einmal ein, zwei Jahre testen, ob sich das bestätigt. Hausarztsuche ist eigentlich wie Partnersuche …

Das Kennenlernen

Meinen alten Hausarzt hatten mir Freunde vorgestellt – und es hat gleich gut gepasst. Und auch der neue ist wieder eine Empfehlung. Wahrscheinlich ist das der beste Weg, um einen Hausarzt zu finden. Sollten Sie also noch nicht in der Obhut eines Doktors oder einer Doktorin sein, mit dem oder der Sie alt werden wollen, starten Sie am besten gleich eine Umfrage! Und sagen Sie jetzt nicht, dass Sie mit sechzig noch nicht anfangen wollen, nur noch über Ärzte zu sprechen: Ich finde, jetzt ist ein guter Zeitpunkt, um damit anzufangen. Denn genauso wie ich einen guten Friseur finden muss, brauche ich auch einen guten Hausarzt. Und *gut* bedeutet nicht, dass er gleich um die Ecke wohnt oder seine Praxis verkehrsgünstig direkt am U-Bahnhof gelegen ist. Um sich gut versorgt zu fühlen, sollte man durchaus längere Strecken in Kauf nehmen. Auf dem Land lässt sich das ohnehin oft nicht vermeiden. In manchen Gegenden hat man keine Auswahl und muss froh sein, wenn überhaupt noch ein Arzt in der Nähe praktiziert. Aber wer in einer größeren Stadt lebt, sollte seinen Arzt nicht danach aussuchen, ob der im Notfall schnell am Bett stehen kann. Wenn es wirklich schlimm ist, muss man den Notarzt rufen. Also: Investieren Sie JETZT Zeit, um einen richtig guten Hausarzt oder eine richtig gute Hausärztin zu finden. Und wenn Ihnen kein toller Arzt empfohlen wurde? Dann gibt es von mir den klaren Rat: Testen Sie Ihren zukünftigen Arzt!

Der entscheidende erste Eindruck

Ich nehme es manchmal fast spielerisch, wenn ich zu einem Arzt gehe, den ich noch nicht kenne. Dann mutmaße ich schon am Entree, wie er wohl ist. Man muss sich nur mal an die Rezeption stellen und drei Minuten gucken, wie es da läuft. Wenn wir eine überarbeitete Person sehen, die einen Stapel Papier auf der einen Seite, Rezepte auf der anderen Seite hat und ständig Zettel von einem Papierstapel auf den anderen Papierstapel legt, muss man im digitalen Zeitalter sagen: »Das wird nichts.« Man merkt auch sofort, wenn bestimmte Rezeptionistinnen und Rezeptionisten kein gutes Verhältnis zum Computer haben. Sie sprechen mit ihm, sie schimpfen auf ihn und erzählen dir schon, während du da wartest, dass der wieder nicht laufe. Das sind alles schlechte Vorzeichen! Das Digitale muss in der Arztpraxis umarmt werden, weil dort irgendwann in unserer digitalen Akte alle Befunde und alle Medikationen gesammelt werden sollen. Dass wir noch mit Zetteln vor Menschen stehen und sagen »Ich habe eine Überweisung«, klingt ja schon jetzt wie 1910. Das muss aufhören, das ist verkehrt! Fast jeder hat ein Handy und kann innerhalb von zwei Minuten einen Flug nach Miami buchen. Trotzdem sollen wir noch mit einem Papierzettel in die Praxis laufen und sagen: »Guten Tag, ich habe eine Überweisung«? Das ist nicht zeitgerecht. Und man merkt sofort, ob eine Praxis alles Technische als Fortschritt empfindet oder ob man sich dort nach einer Zeit zurücksehnt, in der hinter der Frau an der Rezeption noch ein riesiger Schrank mit Aktenordnern stand, in denen jede Akte in Papierform abgeheftet wurde, und wo es immer aussah wie heute noch bei der Steuerbehörde.

Spannend ist auch der Moment, wenn das Telefon klingelt – also, ich bin immer noch in der Check-in-Situation –, dann schaue ich genau hin: Wie geht die Person ran? Geht sie überhaupt ran? Oder geht sie nicht mehr ran? Diese drei Optionen machen den Unterschied! Man kann kurz rangehen und sagen: »Guten Tag! Hier ist gerade viel los, warten Sie bitte einen Moment.« Oder man sagt: »Hier ist gerade so viel los, rufen Sie mich in zwanzig Minuten noch mal an.« Man kann auch einfach gar nicht rangehen und den Anrufbeantworter laufen lassen. Nun gibt es wieder zwei Möglichkeiten: Ist der leise gestellt? Oder hörst du, während du mit deinem Zettel wartest: »Hier ist die Frau Müller, und ich habe einen Abszess am Bein und würde gern vorbeikommen.« Zeitgleich wird aus der Schlange von Menschen vor dem Desk allmählich eine Gruppe. Stühle gibt es auch keine. Und an der Wand entdeckst du das Schild: »Wir sind hier auf der Arbeit, nicht auf der Flucht.«

Mir ist bewusst, dass die Leute am Tresen viel, viel, viel, viel stemmen müssen, damit der Arzt oder die Ärztin einen guten Job machen kann. Ständig möchte jemand einen Termin vereinbaren, verschieben oder absagen, sich beschweren oder nur mal eben sein Rezept abholen. Trotzdem traue ich den Ärzten oder Ärztinnen nicht, die – wie wir beim Theater sagen würden – ihr Vorderhaus nicht im Griff haben. Wir investieren im Quatsch Club viel Energie in den Bereich Einlass und Garderobe, weil vorn alles anfängt. Ab dem ersten Kundenkontakt soll es gut werden … Natürlich arbeiten wir im Entertainment, und ein Arzt muss nicht Entertainment sein. Trotzdem würde ich nach einem chaotischen Einstieg bei einem Arzt nicht sagen: »Fachlich ist alles super.« Weil das nämlich eigentlich heißt: »Fachlich ist alles in Ordnung, aber menschlich nicht.« Weil es nicht gelingt, die Kompetenz aus dem Sprechzimmer nach vorn zu übertragen. Und das ist ja nicht unmöglich. Es gibt toll organisierte Desks, die ich sehr liebe, weil ich schon von Anfang an spüre: »Hier ist Ordnung drin.« Ich habe wirklich eine große Ehrfurcht vor gut organisierten Desks. Und wenn es vorn gut läuft, halte ich die Wahrscheinlichkeit zumindest für stark erhöht, dass der Arzt oder die Ärztin ebenfalls gut ist.

Ein Beweis meiner These

Ich stand an einem Zahnarzttresen, an dem oben beschriebenes Chaos ausgebrochen war. In den Tagen zuvor hatte mich die gestresste Dame am Empfang schon dreimal wegen meines Termins angerufen, wo ich mich eh schon gefragt hatte: »Wie viel Zeit hat diese Person denn?« Da herrschte immer

Alarm. Und genau dieser Zahnarzt hat es dann nicht geschafft, meinen Nerv zu betäuben. Er hat dreimal (!) nachgespritzt und diesen Nerv trotzdem nicht beruhigt. Seine Behandlung tat richtig, richtig weh. Danach habe ich sofort den Arzt gewechselt und gedacht: »Das hätte ich schon am Chaos-Desk erkennen können!« Die Praxis sah auch noch aus wie aus den Fünfzigerjahren.

Und dann, und das fand ich so schön, bin ich zu einem anderen Zahnarzt gegangen, der mit fünf anderen Ärzten eine große Praxis geführt hat, die super organisiert war. Schon die Terminvergabe klappte problemlos, man musste nicht lange warten und kam auch gleich ins Behandlungszimmer. Weil ich nach meiner Schmerzerfahrung leicht traumatisiert war, sagte ich: »Oh Gott, es wird jetzt ganz schrecklich!« Und dann durfte ich beim Bohren sogar meinen Kopf bei dem Arzt an die Brust legen, fühlte mich geborgen wie ein Baby und sehr gut aufgehoben – es tat auch nicht weh.

Passen wir wirklich gut zusammen?

Es gibt so viele unterschiedliche Stühle auf der Welt. Und es gibt so viele unterschiedliche Kunstdrucke auf der Welt. Es gibt auch viele unterschiedliche Zimmerpflanzen auf der Welt. Warum sehen bestimmte Praxen immer noch aus wie im Loriot-Sketch von 1973? Warum beißt der Teppichboden in den Augen? Warum hängt ein Christo-Druck von der Reichstagsverhüllung an der Wand? (Ich liebe Christo – aber das war 1995!) Warum verstopfen diese ganzen Prospekte, in denen jetzt die Zusatzleistungen verkloppt werden müssen, alle Liegeflächen? Warum liegen da immer noch die *Bunte* und die *Gala* im dunkelblauen Lesezirkel-Umschlag? Warum gibt es nicht etwas Interessanteres für die Wartezeit? Zum Beispiel eine Tageszeitung. Ich würde immer sagen, wenn beim Arzt eine aktuelle Tageszeitung liegt: Das ist ein gutes Zeichen. Denn ich möchte, während ich auf meine Behandlung warte, doch nicht wieder lesen: »Charlenes trauriges Leben, Folge 18.« Man könnte das Wartezimmer umdrehen von »Ach Gott, ich muss jetzt hier herumsitzen« zu »Ach toll, ich hatte noch gar keine Zeit, um die Tageszeitung zu lesen. Da freue ich mich drauf.«

Es muss natürlich nicht jedes Wartezimmer zur Lounge werden. Ich bin mir aber sicher, dass, während ich das hier aufschreibe, gerade ein Vertreter von Praxis zu Praxis geht und empfiehlt: »Machen Sie das Wartezimmer zur Lounge!« Ich weiß, es gibt auch ältere Leute, die – und ich hoffe, das fängt bei mir mit über sechzig nicht an – sagen: »Ich kenne keinen mehr, ich gehe mal zum Arzt, damit jemand mit mir redet.« Dann ist die Lounge vielleicht das falsche Signal. Dennoch frage ich mich manchmal: »Wann hat der Arzt oder die Ärztin zum letzten Mal das Wartezimmer gesehen?« Man verbringt als wartender Mensch dort längere Zeit und guckt sich die Wände an, wenn man nicht wieder Charlenes Weg in die Trauer lesen will und keine Tageszeitung bereitliegt.

Viele Ärzte sagen neuerdings auch: »Wir machen Kunstausstellungen.« Und nun hängt da die Laienkunst aus dem Malkurs. Dabei ist der Arzt oder die Ärztin vielleicht Theaterfan und könnte doch auch hübsche Plakate aufhängen. Alles ist möglich!

Ein weiterer wichtiger Punkt, auf den ich achte: Wie gut ist die Stimmung im Praxisteam? Bei uns im Quatsch Club feiern viele Praxen ihre Weihnachtsfeier. Ich erkenne auf den ersten Blick, wer eine gute Truppe ist und wahrscheinlich auch gut miteinander arbeiten kann – und wo es überhaupt nicht flutscht. Eine Praxis ist eine komplizierte Maschinerie, da müssen alle miteinander funktionieren. Man hört es auch, wenn der Gott in Weiß oder die Göttin in Weiß mal den Kopf aus der Tür steckt: Wie ist der Ton? Ist der Ton leicht aggro, ist es egal, wie gut der Arzt ist. Dann weiß man: Das wird nicht der Hausarzt! Man muss das Boyfriend-Potenzial seines Arztes herausfinden. In einer guten Praxis spürt man die Persönlichkeit des Behandlers, merkt, dass alles durchdacht und auch mal neu gestrichen wurde. In einer schlechten Praxis – und das ist keine Frage von Kasse oder Privat – hat man alles, was Alarm macht: das Chaos am Entree, die schlechte Kunst an der Wand, die abgewetzten Möbel, und das Telefon klingelt die ganze Zeit. Lieber Leser, liebe Leserin, ich laufe nicht wild durch Deutschlands Praxen, stell mich ans Desk und guck, wie dort die Zimmerpflanze aussieht. Aber wenn ich mal irgendwo stehe, verrät mir die Pflanze schon etwas. Warum sollte der Patient glücklich werden in einer Praxis, wo die Pflanze verkümmert? Die Beziehung zum Hausarzt soll eine sein bzw. werden, die vielleicht sogar länger hält als die aktuelle private. Deshalb: Pick wisely – wähle weise!

Kleiner Nachtrag:
Achten Sie auf das Alter Ihres Arztes!

Meine Faustregel lautet: Der Arzt, der mich ab sechzig begleiten soll, sollte mindestens zehn Jahre jünger sein als ich. Wenn
der nämlich gleichalt ist, geht er mit mir in die Rente – und
ich verliere ihn halfway. Womöglich ausgerechnet, wenn ich ihn
brauche. Und jetzt komme ich Ihnen noch einmal mit Statistik:
Etwa vier von zehn Deutschen ab sechzig leiden unter drei bis
vier unterschiedlichen Erkrankungen. Dafür braucht man einen
guten und dauerhaften Begleiter!

Der Facharzt-Stab

Mein Hausarzt ist die Basis. Wenn ich aber spezielle Themen
habe, wende ich mich direkt an einen Facharzt. Beim Zahnarzt geht es ja nicht anders. Aber ich besuche auch regelmäßig
meine Hautärztin und den Urologen. Warum sollte ich meinen Hausarzt belästigen, wenn ich ein Hautproblem habe oder
den Prostatacheck machen möchte? Ich brauche allenfalls den
Hausarzt, damit der mich daran erinnert, dass der letzte Check
nicht, wie ich wieder dachte, vor drei Jahren war, sondern doch
schon vor sechs – und ich deshalb nun mal wieder hingehen
sollte.

Wenn ich einen Arzttermin habe, dann versuche ich, mir
die Zeit danach freizuschaufeln. Oder ich lege den Termin ans
Ende meines Arbeitstages. Klar, das ist für Freiberufler leichter
zu organisieren, aber ich finde, man sollte diese Termine ernst

nehmen und nicht versuchen, das einfach abzuarbeiten, denn es könnte ja immer was sein ... Zumindest zum Urologen begleitet mich diese Angst jedes Mal, weshalb ich mir dort einen etwas feinfühligeren Ton wünsche. Einmal bin ich an einen richtigen Ur-Berliner geraten, bei dem ich wieder feststellte, dass der Berliner Humor regelmäßig an seine Grenzen stößt ... Der sagte: »Also, was wir nicht sehen wollen, sind Zysten und Tumore.« Ich meine: Klar kann man das so zusammenfassen. Aber doch in einem anderen Tonfall! Wenn gerade eine Krebsuntersuchung läuft, passt die Berliner Schnauze nur bedingt. Aber die Praxis war auch insgesamt verquast und nicht auf modernem Stand. Ich hatte das Gefühl: »Wenn jetzt ein Tumor gefunden wird, dann wuchert die Praxis wahrscheinlich in den Tumor rein.« Das war alles nicht gut. Danach hatte ich einen Urologen, der war ein reizender Mann, ein Berliner wie aus dem Bilderbuch, der mir immer die Ängste nahm, was alles Schreckliches sein und welche fürchterlichen Krankheiten ich bekommen könnte. Leider hat der sich vor zehn Jahren in die Rente verabschiedet. Seitdem bin ich bei seiner Nachfolgerin, die seinen Standard erfreulicherweise aufrechterhält. Aber wenn die mal Urlaub hat oder – noch schlimmer – aufhört, bin ich aufgeschmissen. Deshalb bin ich froh, dass sie jünger ist!

Mit meinen Knie- oder Rückenschmerzen würde ich ebenfalls nie meinen Hausarzt belästigen. Einen Orthopäden allerdings auch nicht – die sind meine Lieblingsfeinde. Wenn ich Probleme mit meinen Knochen oder Gelenken habe, gehe ich zum Osteopathen. Bislang haben die alle Probleme, die ich im Rücken, in den Gelenken und überall sonst hatte, gut weggekriegt. Oft, und das finde ich wirklich bewundernswert, in nur drei Sitzungen, weshalb ich mich freue, dass einige Krankenkassen das nun endlich anerkennen und die Behandlungskosten übernehmen. In meinem Umfeld hat diese Erweiterung für richtig gute Stimmung gesorgt. Wir Bühnenleute haben ja immer was am Rücken, weil wir ständig unnatürlich herumstehen. Auch Stand-up-Comedians, von denen man immer meint, dass die nur locker auf der Bühne stehen würden, haben dort eine andere Haltung, als würden sie an der Bushaltestelle auf den Bus warten. Die stehen unter Spannung. Das ist kein Ich-warte-auf-den-Bus-Stehen, sondern ein Bühnenstehen in Bühnenschuhen. Gerade meine weiblichen Kolleginnen, die auf kleinen Absätzen regelmäßig neunzig Minuten performen, laufen ständig zum Osteopathen. Das ist für den Rücken und alles anstrengend – und auch diese Wehwehchen werden im Alter mehr. Aber Osteopathen kriegen das weg!

Ich hatte mal schlimme Knieschmerzen und ging damit zu einem, der Orthopäde und gleichzeitig Osteopath war. Der überwies mich (da war er wieder: der Überweisungsschein!) zum Röntgen, und der Röntgenarzt hat mir erklärt: »Ihr Knie muss operiert werden. Das sieht man.« Zuerst einmal: Der darf solche Diagnosen gar nicht stellen. Wusste ich aber nicht. Röntgenärzte machen keine Diagnosen, sondern nur die Aufnahmen – wie ein Fotograf. Der macht auch nur das Bild und sagt nicht: »Sie sollten mal botoxen!« Röntgenärzte müssen das Bild zu Ihrem Arzt schicken, damit der das mit Ihnen bespricht. Aber weil der Röntgenarzt diese Grenze überschritten hatte, kam ich nun mit der OP-Info in meine Osteopathie-Orthopädie-Praxis und dachte: O Gott, eine Knie-OP! Dabei war das nach zwei Osteopathie-Sitzungen komplett weg. Was für ein riesiger Unterschied: von einer Knieoperation zu zweimal eine Stunde irgendwo liegen. Mittlerweile ist das fünfzehn Jahre her, und das Knie tat nie mehr weh.

Die dritte wichtige Spezialistin, die ich regelmäßig aufsuche, ist meine Hautärztin. Hautarztpraxen sind natürlich das Allerschönste, weil diese Fachkräfte ihre Behandlungen ja leben müssen. Du gehst nicht zu einem Hautarzt, der drei Warzen im Gesicht hat und aussieht wie aus dem Mülleimer. Das heißt, die sind immer die Models ihrer eigenen Tätigkeit. Meine Hautärztin hat eine Spitzenhaut, sehr frisch, gepflegt, gesund und natürlich. Ich war auch mal bei einem, der zwanzig Jahre jünger war als ich und aussah wie ein Model. Das war mir dann wieder zu viel Kredibilität, dem trau ich auch wieder nicht, wenn da so ein Topmodel hereinspaziert. Da dachte ich mir: Der kommt bestimmt gleich mit so einem Vorschlag mit Botox um die Ecke … Das wiederum war mir zu kosmetisch. Da muss man bei Hautärzten aufpassen! Die dürfen einem nicht zu viel und vor allem nur das Gesunde empfehlen.

Die Top-5-Tipps meiner geschätzten Hautärztin Dr. Beate Marenholz

1. Der UV-Schutz ist das A und O bei der Hautpflege. Die ionisierende Strahlung verursacht DNA-Schäden, die repariert werden müssen. Doch je älter wir werden, desto weniger ist der Körper dazu in der Lage. Außerdem wird durch die UV-A-Strahlung die Hautalterung beschleunigt, und es entstehen Pigmentflecken. Wenn man Glück hat, sind die gut-

artig. Aber mit zunehmendem Alter bekommen die Menschen immer häufiger weißen Hautkrebs. Das ist mittlerweile die häufigste Krebsart überhaupt – ausgelöst durch eine kontinuierliche leichte UV-Exposition. Die Haut vergisst nichts! Heilt eine wunde Stelle auch nach drei oder vier Wochen nicht ab, sollte man sie unbedingt einem Hautarzt zeigen!

2. Maligne Melanome – der schwarze Hautkrebs – treten im Durchschnitt nach dem sechzigsten Lebensjahr auf. Diese bösartigen Tumoren brauchen Zeit, um sichtbar zu werden. Sie sind eine Folge der Sonnenbrände in der Kindheit und Jugend. Das heißt: Diesen Krebs können wir jetzt nicht mehr verhindern, aber frühzeitig entdecken! Deshalb sollte man mindestens einmal im Jahr zur Hautkrebsvorsorge gehen, auch wenn die gesetzlichen Krankenkassen die Kosten des Screenings nur alle zwei Jahre übernehmen.

3. Wichtig ist jetzt auch die richtige Pflege. Mit zunehmendem Alter verändert sich die gesamte Hautstruktur: Die Haut wird trockener, sie verliert an Unterfettgewebe, ihre Widerstandkraft lässt nach. Viele stellen fest: »Mir reicht meine Creme nicht mehr.« Ich empfehle meinen Patienten dann – selbstverständlich neben gesunder Ernährung und ausreichender Wasserzufuhr – am liebsten Glycolsäure. Es gibt sehr gute Produkte, auch für zu Hause. Die Glycolsäure unterstützt die Erneuerung der Haut, wodurch sie wieder ein bisschen fester wird und etwas Glow bekommt. Außerdem sollte eine

Pflege für reifere Haut Feuchtigkeit und Fett enthalten.

4. Vielen gefallen ihre Altersflecken nicht. Auch sie sind durch UV-Strahlung entstanden, weshalb beispielsweise die Haut am Bauch oft schön glatt und rein ist, während sich an Händen und im Dekolleté die bräunlichen Flecken zeigen. Die wird man leider nur durch eine Säure- oder Laserbehandlung los. Aber dafür muss man sich zum Beispiel an einen Dermatologen wenden.

5. Wer dem Alterungsprozess aktiv entgegenwirken möchte, dem empfehle ich Microneedling. Durch die Behandlung mit feinsten Nadeln werden körpereigene Wachstumsfaktoren aktiviert. Dadurch kommt es zur Erneuerung des kollagenen Bindegewebes – die Haut wird gestrafft und die Faltentiefe reduziert.

Achtung: Der Körper wird jetzt trotzdem keine neue Hauptbeschäftigung!

Ich finde, es gibt ein Übermonitoring und ein Untermonitoring seines Körpers. Ich komme aus einer Familie, in der es eher üblich war, nur dann zum Arzt zu gehen, wenn der Arm abfiel. Ich versuche, das ein bisschen meinem Bauchgefühl anzupassen. Selbstverständlich plädiere ich dafür, die jeweilige Krebsvorsorge wahrzunehmen und EKGs ableiten zu lassen, wenn einem der Hausarzt dazu rät – man will ja nicht vom

Laufband fallen … Aber mit diesem Durchmonitoren wäre ich vorsichtig. Ich halte es für keine gute Idee, alles so genau zu beobachten, dass es einen schon wieder nervös macht. Auf keinen Fall gehöre ich zu den Leuten, die dauernd auf die Waage steigen und überhaupt ihr ganzes Körperbewusstsein an Zahlen festmachen. Ich kenne Hypochonder, die durchdrehen, wenn auf einem ihrer Geräte plötzlich eine 9 eine 8 ist. Oder umgekehrt. Die gehen dann zum Arzt. Ähnlich angespannt kontrollieren einige mehrmals täglich ihre Schrittzähler. Ich merke doch selbst, ob ich mich an dem Tag genug bewegt habe oder nicht. Dafür muss ich nicht auf Daten starren. Ich weiß: Vieles daran ist gut. Einige motiviert es, wenn sie sehen, wie viel sie gelaufen sind. Mir ist es lieber, ich habe selbst das Gefühl, genug gelaufen zu sein, als dass mir meine Uhr das sagt. Ich kann mehr mit meinem Bauchgefühl als mit Schritt-Daten anfangen. Außerdem ist mir das mit den 10 000 Schritten schon wieder zu dogmatisch. Man ist doch jeden Tag in einer anderen Verfassung. Du kommst mal so und mal so in die Sporteinheit – an manchen Tagen läufst du 20 000 Schritte und am nächsten eben nur 8000. Diese Unabhängigkeit von Geräten würde ich mir gern erhalten. Ich bin nicht der Statistiker. Wie immer bei Daten habe ich das Gefühl: Wann soll ich das alles lesen? Außerdem habe ich keine Lust auf eine weitere stressige Leistungsschau. Dieses: »Na, wie viele Schritte hast du schon gemacht?« Ich gehe zum Check, wenn mein Hausarzt mir das sagt. Und ansonsten vertraue ich meinem Körpergefühl.

Team Thomas: Hausarzt Jan Salloch

Mein Hausarzt ist der Beweis, dass nicht nur Privatpatienten eine großartige Behandlung bekommen, sondern auch jeder Kassenpatient, wenn er beim richtigen Arzt landet. Meinen Hausarzt Jan Salloch konnte ich sogar noch abends anrufen und fragen, wenn ich etwas hatte. Außerdem habe ich ihn dafür bewundert, wie toll er seine Praxis in Schuss hielt, wie gut die Abläufe klappten und wie er es schaffte, mit dem Salär, das er abrechnen kann und das anders ist als bei Privatpatienten, einen super Service zu bieten. Mittlerweile sind wir befreundet. Und ich finde: Wer bis jetzt noch nicht mit seinem Hausarzt befreundet ist, sollte dringend damit anfangen. Man sieht sich demnächst eh öfter …

Mein lieber Herr Doktor, beginnt jetzt die Dekade, wo die kleinen Zipperlein zu größeren Sachen werden können?

Ja, jetzt beginnt definitiv die Zeit, wo man aufpassen muss! Wobei ich ein großer Fan davon bin, schon vorher aufzupassen und zu den empfohlenen Vorsorgeuntersuchungen zu gehen. Bei der Prostata reicht's ab fünfzig, aber ein Hautkrebsscreening empfehle ich zum Beispiel schon früher. Beim Darm kommt es darauf an, ob es in der Familie Darmkrebs gibt. Dann sollte man schon mit vierzig mit der Vorsorge beginnen. Ansonsten spätestens mit 55.

Das habe ich auch alles brav getan, weil ich dir immer wörtlich gefolgt bin.

Du bist auch wirklich ein vorbildlicher Patient!

Das möchte ich abgedruckt haben! Denn man sagt ja eigentlich, dass die Männer nicht genug aufpassen.

Männer achten weniger auf sich und ihren Körper. Als ob sie glauben würden, unverwundbar zu sein. Eigentlich kommen vor allem die Männer zur Vorsorge, die von ihren Frauen dazu getrieben werden, weil sie ihren Mann gern noch etwas länger behalten wollen.

Das heißt: Wenn ich als Mann von meiner Frau nicht zum Arzt gebracht werde, sollte ich mir Gedanken machen, ob die mich überhaupt behalten will?

Im Ernst: Es ist tatsächlich statistisch erwiesen, dass verheiratete Männer länger leben als unverheiratete, weil sie offensichtlich in irgendeiner Form besser versorgt werden oder vielleicht besser auf sie aufgepasst wird.

Und Frauen sind sowieso besser mit den ganzen Themen.

Frauen sind in der Vorsorge besser, aber sie nehmen sich selbst oft nicht ernst. Wenn sie Beschwerden haben, tun sie so: »Ach, das bisschen Magen ist nicht schlimm.« Und dann kommen sie mit fulminanten Herzinfarkten viel zu spät in die Rettungsstelle, weil sie ihre Beschwerden nicht ernst genommen haben. Bei Frauen zeigt sich ein Herzinfarkt oft anders. Ihnen ist zum Beispiel oft nur übel, oder sie haben Rücken- oder Kieferschmerzen. So richtig hat die Medizin noch nicht verstanden, warum sich die Symptome bei den Geschlechtern so unterschiedlich zeigen können.

Kommen wir noch mal zum Alter. Erlebst du ältere Menschen, die anstatt etwa zur Arbeit zum Arzt gehen, damit sie eine Ansprache haben?

Das beginnt erst so ab achtzig, wenn die Menschen ihren Partner verloren haben und tatsächlich eine Ansprache suchen. Viele fühlen sich dann im Wartezimmer wohl. Da können sie den neuesten Klatsch und Tratsch lesen und auch gleich besprechen. Und sie freuen sich über den Arzt, der sie mal fragt, wie es ihnen geht.

Das verstehe ich. Aber das dauert bei mir noch.

Ab sechzig entwickeln viele ein anderes nicht unerhebliches Problem. Mit Beginn der Rente fallen gerade Männer häufig in ein tiefes Loch. Meist sind die Kinder aus dem Haus, und sie und ihre Frau haben sich nichts mehr zu sagen. Arbeit haben sie nicht mehr und auch kein Hobby. Da entstehen Depressionen und andere physische Erkrankungen. Gar nicht so selten fallen Männer kurz nach dem Renteneintritt plötzlich tot um.

Es wird ja viel geredet über die Menopause beim Mann.

Ja, aber die ist früher.

Die ist bei mir schon abgeschlossen, würdest du sagen?

Das muss nicht sein, du bist ja viel jugendlicher als dein Alter.

Dann kommt die noch? Um Himmels willen! Was passiert denn da beim Mann?

Relativ ähnliche Symptome wie bei den Frauen: schwitzen, Hitzewallungen, Stimmungsschwankungen. Viele werden aggressiv. Es fehlt das Testosteron, und das macht auch was mit der Libido. Männer haben keine Lust mehr auf Sex, Erektionsprobleme können auftreten, und häufig werden wir dicker. Und da haben wir als Männer einen großen Nachteil: Wir sammeln Bauchfett. Bei Frauen verteilt sich das Fett ja eher um die Hüften und um die Oberschenkel. Und das böse Bauchfett ist ein großer Risikofaktor für Herz-Kreislauf-Erkrankungen.

Und kann man das Testosteron wieder ausgleichen?

Definitiv. Aber unter fachärztlicher Kontrolle! Im Internet kann man sich heutzutage alles besorgen, aber das Problem ist, dass unter der Hormongabe zum Beispiel Prostatakarzinome und Herzinfarkte zunehmen können – und das muss überwacht werden.

Ich bin ja ein großer Verfechter des Hausarztes, aber ich habe das Gefühl, dass neuerdings jeder nur noch zum Facharzt rennt.

Das ist tatsächlich ein Trend der vergangenen fünf bis zehn Jahre, seit es möglich ist, ohne Überweisungsschein zum Facharzt zu gehen. Jetzt denken die Leute: »Es sticht in der Brust, also gehe ich zum Kardiologen.« Obwohl sie eigentlich etwas am Rücken haben oder mit der Lunge. Das ist einer der Gründe, warum wir keine Termine beim Facharzt bekommen. Ich schätze, dass die Hälfte der Leute, die dort sitzen, eigentlich in die Hausarztpraxis gehört.

Ich hatte eigentlich gehofft, mit dir alt zu werden. Ein Arzt im selben Alter gibt mir das wohlige Gefühl, gut aufgehoben zu sein.

Ich kann ja auch oft sagen: »Kenn ich! Habe ich! Hatte ich!«

Ich habe auch schon einen sehr alten Professor für teures Geld bezahlt, bei dem ich das Gefühl hatte, der ist zu alt.

Viele ältere Kollegen bilden sich leider nicht mehr weiter.

Du bist jetzt gerade weggezogen, und ich muss hier neue Leute finden. Das ist ein bisschen wie eine Trennung.

Das geht mir nicht anders. Ich nehme ja auch Anteil an den Geschichten meiner Patienten. Oft rufen mich Freunde an und fragen: »Wie hättest du es denn gemacht?«

Also wie in einer Beziehung, die gut auseinandergegangen ist und bei der man noch angerufen wird, wenn der neue Partner die Nudelsoße nicht richtig kocht.

So ähnlich.

Okay. Dann halten wir das bitte auch so …

4. Kapitel: Arbeit, Planung und Ziele

Ab sechzig bereiten sich die meisten auf die Rente vor. Selbst wir Freiberufler setzen uns gedanklich intensiver mit diesem Thema auseinander oder steuern die neue Lebensphase sogar schon aktiver an, denn eines steht ja fest: Zwischen sechzig und siebzig wird sich unser aller Arbeitsleben verändern. Aber was genau wird sich ändern? Wie soll es sich ändern? Endet es und macht plötzlich Platz für neue Dinge? Und – ganz wichtig – kann ich mir das überhaupt leisten? Ich finde es jedes Mal erschreckend, wenn ich lese, dass jeder vierte bis fünfte Rentner von Altersarmut betroffen sein soll. Das trifft auch viele Freiberufler, die häufig wenig oder gar nichts in die Rentenkasse oder andere Vorsorgemaßnahmen eingezahlt haben. Nun könnten die natürlich einfach weiterarbeiten, solange sie wollen und gewollt werden. Ich würde aber jedem die Freiheit wünschen, ab dem Rentenalter nur noch die Bereiche der Arbeit weiterzumachen oder auszubauen, die man auch weitermachen und ausbauen möchte. Ich finde, das sollte sich alles ein bisschen vom Muss zum Wollen verschieben. Zumindest male ich mir das für meinen Mann und mich so aus. Und ich finde, auch jeder Arbeitnehmer sollte darüber nachdenken, ob er nur froh ist, dass endlich alles wegfällt, und er sagt: »Gott sei Dank sind die Arbeitsjahre vorbei!« Oder ob es eventuell Bereiche gibt, die ihm fehlen würden – und wenn das nur das Sozialleben ist, die Kollegen oder der firmeninterne Kegelklub. Man sollte sich rechtzeitig fragen: Welche Rollen hat das alles in meinem Leben? Ganz bestimmt gibt es irgendeinen Aspekt der Arbeit, den man nicht missen möchte. Wer zum Beispiel in der Metzgerei arbeitet, redet vielleicht gern mit den Leuten, verpackt aber nicht mehr so gern den Schinken. Der könnte sich fragen: Wie kann ich mir das Reden erhalten, wenn ich keine Kunden mehr habe? Mit wem plaudere ich dann? Vorsicht! Nicht mit dem Partner oder der Partnerin! Der oder die wird das nicht ersetzen können. Und es gibt nichts Schlimmeres, als wenn beispielsweise der Moderator in Rente anfängt, zu Hause alles zu moderieren: »Und hier bitte begrüßen Sie den DHL-Fahrer mit einem tosenden Applaus!« Dann hat man ein Problem.

Die alte Rentenfalle der Generation meiner Eltern sah noch so aus, dass die Arbeit des Mannes aufhörte, er auf einmal zu Hause herumsaß und die Frau, die den Haushalt geschmissen und sich um alles gekümmert hat, plötzlich einen Störfaktor namens Ehemann zu ertragen hatte. Darüber hat Loriot einen ganzen *Papa ante Portas*-Film gedreht. Ich bin überzeugt: Eine unvorbereitete Rente kann der Horror sein! Leute fallen in Löcher und wissen nicht mehr, was sie mit ihrem Tag anfangen sollen. Das sind große Belastungsproben für Beziehungen. Und es ist auch eine große Belastungsprobe für die eigene Psyche. Deshalb würde ich dringend raten, wenn ich plane, mit 65, 67 aus dem Berufsleben auszusteigen, dass die 60 ein guter Moment ist, um mal genauer hinzugucken, welchen Stellenwert die Arbeit im Leben hat. Vielleicht kann man versuchen, die positiven Anteile zu erhalten oder durch andere schöne Aktivitäten zu ersetzen? Wichtig ist doch, dass man nicht plump in diese Frustfalle fällt, weil man sich – genau wie bei anderen großen Entscheidungen im Leben – nicht darauf vorbereitet hat.

Wenn ich mit Leuten über ihr Arbeitsende spreche, erlebe ich sie häufig erstaunlich unreflektiert. Die sagen: »Ja, dann mach ich mal das, was ich immer machen wollte.« Es stellt sich aber, wenn man beispielsweise Modelleisenbahnen sammelt, die Frage: Wie viel Modelleisenbahn kann man denn spielen pro Tag? Das sind sicher keine acht Stunden! Es sind aber bald vierzig oder mehr Stunden zu füllen … Und das gilt auch für die anderen Hobbys, die perfekt waren als Ausgleich zur Arbeit wie Wandern, Golf, Tennis, Freunde treffen: Will man den ganzen Tag Kaffee trinken mit Leuten? Will man den ganzen Tag Sport treiben? Will man den ganzen Tag wandern? Nein, das möchte man nicht. Der ehemalige Metzger könnte also versuchen, die bevorzugten Aspekte des Jobs zu ersetzen und sich fragen: »In welchen neuen Feldern könnte ich denn mit neuen Leuten kommunizieren?« Entwickeln Sie dafür rechtzeitig einen Plan!

Jetzt kommt der richtige Zeitpunkt, um neue Felder zu erobern!

Wie genau könnte mein (Arbeits-)Leben ab sechzig denn aber nun aussehen? Ich plane, dass ich meine Projekte weiser auswählen werde. Bei mir gibt es Jobs, die sind nett, vielleicht auch gut bezahlt, aber die mache ich unter Umständen seit dreißig Jahren und finde sie nun nicht mehr so spannend und – noch viel entscheidender – mittlerweile oft zu anstrengend. Das sind Jobs, bei denen ich viel reisen und lange auf der Bühne stehen muss – zum Beispiel, wenn ich drei, vier Stunden Galas moderiere oder Betriebsfeste de luxe, wo ich zwischen Büfett und Kapelle geparkt werde, um die Menschen zu bespaßen. Auch eine Sendung wie *Let's Dance* wäre für mich nicht mehr denkbar, weil das körperlich zu anstrengend wäre. Bei anderen Jobs würde ich vielleicht um Unterstützung bitten – in meinem Fall um einen Teleprompter, auf dem ich den Moderations-Text ablesen kann. Früher fiel es mir sehr viel leichter, eine Moderation von zehn Seiten auswendig zu lernen. Heute müsste ich deutlich mehr proben. Viele Menschen reagieren gestresst, wenn sie Sachen, die ihnen früher leichtfielen, plötzlich nicht mehr können. Aber ich habe keine Scham, mein Defizit auszugleichen, indem ich nach dem Teleprompter frage. Wenn ich mir meine Texte nicht mehr merken kann, lese ich sie eben ab. Und wenn man es gut ablesen kann und das für den Zuschauer okay ist, ist es doch prima!

Vor allem Texte mit vielen Fakten und Namen fallen mir heute schwer: »Und bitte begrüßen Sie jetzt den Botschafter von Uruguay, Herrn Hasenbraten-Hüsemä!« Das kommt auf eine Karte! Neulich habe ich für den WDR den Christopher Street Day moderiert. Da war mein Horrorsatz: »Und dieses Musical steht wie der CSD für die Sichtbarmachung der Vielfältigkeit, wie wir leben und lieben möchten.« Das hätte genauso viel Sinn gemacht wie: »Und dieses Musical steht wie der CSD für die Vielfältigkeit der Sichtbarmachung, wie wir leben und lieben möchten.« Aber es sollte eben dieser erste Satz sein ... Das hätte ich zum Beispiel gern auf einem Prompter gehabt. Hatte ich aber nicht, weshalb ich froh war, dass es in diesem Text nur diesen einen schwierigen Satz gab. Bei Johannes Heesters, der mit hundert Jahren noch Theater gespielt hat – sein Paradestück war *Casanova auf Schloss Dux* –, klebte sein Text auf Zetteln hinter den Möbeln, sodass er bei seinen Auftritten immer von Sessel zu Sessel gehen musste. So weit soll es bei mir bitte nicht kommen, trotzdem finde ich, dass man nicht zu streng mit sich selbst sein sollte, wenn bestimmte Sachen nicht mehr klappen. Dann muss man sich eben Hilfe suchen oder – und ich weiß, dass diese Haltung Luxus ist – die Jobs weglassen, die über die eigenen Kräfte gehen, und sich stattdessen etwas suchen, das leichter und im Idealfall inhaltlich interessierter ist. Bei mir sind das leider häufig schlechter bezahlte Jobs, die deutlich mehr Arbeit bedeuten – zum Beispiel ein Musical zu schreiben oder zu inszenieren. Damit verdiene ich zwar weniger als bei einer Gameshow, aber es macht mir inhaltlich viel mehr Spaß.

Oder man probiert etwas Neues. Ich habe neulich zum ersten Mal in meinem hohen Alter, also kurz vor sechzig, selbst in einem Musical mitgespielt. Am Nürnberger Staatstheater habe ich in *Hairspray* die Edna Turnblad gespielt, die dicke Mutter der Hauptfigur. Bislang habe ich Musicals geschrieben und inszeniert, aber ich habe noch nie eine eigene Rolle gehabt, weil es auch wenige gibt, die ich mit meiner Stimme singen kann – vor allem zwischen lauter Kollegen, die das gelernt haben. Edna ist aber dafür konzipiert worden, dass sie von einem Prominenten gespielt werden kann. Der muss nicht die hohen Noten treffen, sondern Comedy machen. Im Film hat John Travolta einmal diese Rolle übernommen. Trotzdem erschien mir die Schauspielerei als riesiges Wagnis. Ich bin zwar auch schon einmal für acht Shows bei *Kein Pardon* in Düsseldorf für Dirk

Bach eingesprungen. Aber da ging es um die Rolle des Heinz Wäscher, diesem schlecht gelaunten Moderator, der eigentlich immer nur in der Mitte steht und seine berühmten »Ich kann so nicht arbeiten«-Gags macht. Das habe ich mir zugetraut, weil ich dachte: Ich stehe wie beim Stand-up oder wie bei der Moderation in der Mitte der Szene und arbeite und brülle nach vorn ... Wahrscheinlich war ich nur halb überzeugend, weil ich kein schauspielerisches Besteck habe, um den Wäscher neu zu erfinden. Das war eher: Thomas mit einer komischen Perücke! Und wenn jemand von der Seite kam und mich anspielte, war ich sofort irritiert und dachte: Was will denn die Person jetzt hier? Weil ich eben nie zur Seite arbeite.

Das fand ich alles merkwürdig, und deshalb hatte ich einen Heidenrespekt vor der Edna-Rolle. Ich musste in einem Fatsuit und Pumps mit meiner Tochter Tracy riesige Konflikte und mit meinem lieben Bühnenmann ein großes Liebesduett spielen. Und weil ich schlechtes Schauspiel nicht ertrage, hatte ich riesengroßen Bammel, gleichzeitig reizte mich jedoch diese Erweiterung meines Repertoires. Und dann kam meine erste musikalische Probe ... Der musikalische Leiter des Stadttheaters macht sonst Oper, und ich musste ihm meine beiden Lieder vorsingen, musste mich also beweisen. Da hilft dir dein Promistatus nicht, denn neben dir stehen bei einer solchen Produktion Menschen, die das alles können: Die spielen, stehen auf dem Kopf, drehen sich und singen dabei ein hohes C. Das war total stressig, weil ich mich aus meiner Komfortzone bewegen musste – und ja auch wollte. Und dann wurde es noch stressiger, weil der musikalische Leiter plötzlich zu mir sagte: »So, jetzt singst du noch die zweiten Stimmen im Chor mit.« Und ich: »Ich kann aber keine zweite Stimme singen.«

Leicht verzweifelt habe ich nach dieser Probe meinen Lieblingskomponisten Thomas Zaufke angerufen und ihm das geschildert. Er meinte bloß: »Mach dir keinen Kopf, Stars im Musical singen keine zweiten Stimmen. Du machst nur das, was du kannst, und was du nicht kannst, lässt du weg. So ist das überall auf der Welt.« Und so wurde das Musical ein großer Erfolg – auch für mich. Ich habe gelernt, wie Boulevard-Schauspiel funktioniert. Es hat etwa fünf Shows gedauert, bis ich wusste, wie ich die Gags platzieren muss. Alles, was mich am Anfang gestresst hat, habe ich überwunden – und zum Schluss fand ich's super. Wenn mir jetzt zwischen sechzig und siebzig wieder eine Rolle angeboten würde, bekäme ich das hin. Da hat sich für mich ein neues Fenster aufgemacht.

Gut für alle: das Ehrenamt

Und jetzt kommt sozusagen die Geheimwaffe für die nächste Lebensphase: der Bereich Ehrenamt oder soziales Engagement. Das ist ein riesiges Feld voller großartiger Möglichkeiten. Auf einmal hat man Zeit und kann die Kenntnisse aus seinem Berufsleben hoffentlich ohne finanziellen Druck anwenden und damit Menschen helfen, die Hilfe dringend brauchen. Mein Papa war zum Beispiel Verwaltungsdirektor an der Bundesanstalt für Arbeit. Als der in Rente ging, saß er erst einmal gelangweilt zu Hause. Er las gern Zeitung, merkte aber auch: »Wie viel kann man jeden Tag lesen? Keine acht Stunden!« Und dann hat er bei der AWO angefangen und Flüchtlinge aus dem Ostblock etwa bei Ämtergängen unterstützt. Dabei konnte er sein

Wissen und seine Erfahrung gut einsetzen. Und weil er sehr strukturiert war, fing er bald auch an, diese ganze AWO-Stelle zu organisieren – auf einmal hatte er wieder zu tun. Und nach zwei, drei Stunden ehrenamtlicher Arbeit war dann wieder zu Hause das Mittagsschläfchen dran.

Er konnte sich Zeit und Belastung frei einteilen, und gleichzeitig war das, was er tat, sinnstiftend. Ich glaube, das Ehrenamt ist längst nicht so selbstlos, wie es zunächst klingt. Viele wollen nur nicht in ihrer Wohnung sitzen und nichts tun. Unter der »Stressarbeitsperspektive« klingt Nichtstun immer super. Jeder denkt, wenn er acht Stunden arbeitet: »Ich will freihaben!« Aber wenn man nur noch frei hat, dreht sich das. Dann gefällt einem das nicht mehr. Außerdem hält es fit, wenn man aktiv bleibt. Es gibt eine beeindruckende Studie dazu, in der die Gehirne von Nonnen untersucht wurden. Ihre Gehirne waren im Alter genauso zerfressen wie die Gehirne von anderen älteren Menschen, die unter Demenz litten – nur zeigten die Nonnen keinerlei Anzeichen einer Demenz. Ganz im Gegenteil: Sie konnten anspruchsvollen Tätigkeiten nachgehen. Viele Gehirnforscher gehen davon aus, dass Arbeit und soziale Kontakte vor dem geistigen Verfall und sogar vor der gefürchteten Demenz schützen können. Noch ein Grund mehr, schon in den letzten Berufsjahren vorsichtig den Zeh in diesen Bereich reinzuhalten und zu schauen: »Was kann ich denn? Was mag ich denn?«

Und sagen Sie jetzt nicht: »Dafür habe ich jetzt noch keine Zeit.« Kürzlich habe ich ein Interview mit einem Professor für Psychosomatik gelesen, in dem es darum ging, wann Arbeit überfordert und krank macht – und wie man sich vor dieser Überforderung schützt. Der Mediziner erklärte, dass bei Menschen das Schmerzzentrum aktiviert werde, wenn sie sich sozial ausgeschlossen fühlten – und das kann in der Rente leicht passieren. Was ich aber noch beeindruckender fand: Er betreut als Psychotherapeut unter anderem Manager von großen deutschen Unternehmen. Und denen rät er, als Schutz vor Überforderung, ein Ehrenamt zu übernehmen. Die meisten seiner Patienten wehrten sich erst einmal und sagten: »Wo soll ich denn die Zeit dafür hernehmen?« Wenn sie sich aber doch dazu aufraffen, erleben sie, wie gut ihnen das tut. Einer repariert einmal im Monat Elektrogeräte in einem Reparaturcafé. So etwas wäre doch ein Einstieg …

Ich betreue zum Beispiel einen Verein, der junge Menschen bei ihrem Coming-out unterstützt. Der Verein heißt Coming Out Day e. V. Da gehe ich ins Gespräch mit jüngeren Schwulen und erzähle ihnen meine Geschichte, um ihnen Mut zu machen. Ich sage nicht, dass ich schon genug machen würde, aber es sind zumindest Felder, in die ich tiefer einsteigen kann, sobald ich weniger arbeite. Bei der Berliner Aids-Hilfe sitze ich im Kuratorium. Auch das kann ich noch ausbauen. Ich könnte mir aber auch vorstellen, irgendwo in der Welt ein schwules Kulturzentrum zu eröffnen. Das könnte ich natürlich auch in Deutschland machen, aber hier haben wir ja bei den LGBTQ-Rechten ein sehr gutes Level erreicht. Es gibt Länder, in denen das noch nicht so ist, weshalb ein Engagement dort wichtiger und spannender wäre. Natürlich bräuchte man den local support – ich bin niemand, der aus dem Ausland einfliegt und sagt: »Wir wissen, wie es geht.« Aber ich könnte zumindest die Theatergruppe leiten oder das Zentrum verschönern. Ich würde schon versuchen, meine Entertainment-Fähigkeiten einzubringen. Ich glaube, es kann durchaus noch die Zeit kommen, da

man sagt: »Lass mich in Ruhe, ich sitze gern im Liegestuhl.«
Die kommt aber erst später. Jetzt kann man sich noch engagieren.

Auch wichtig: Hobbys suchen, die ausbaufähig sind

Noch etwas, das im hohen Alter besser wird: Als junger Mensch weiß man noch nicht: Werde ich immer lesen? Oder fand ich nur als Kind Enid Blyton toll? Bleibt Theater für mich wichtig? Hinter all diese Fragen kann ich heute einen Haken setzen, denn ich weiß, dass es so bleiben wird. Deshalb ist es spätestens jetzt wichtig, etwas zu finden, das man mag, das einem Freude bereitet, eben ein richtig gutes Hobby. Wenn man die Arbeit immer über alles gestellt hat, konnte man nie herausfinden, ob man lieber Beethoven mag oder Shakira. Oder ob man eher der Musiker- oder der Sportlertyp ist. Ich finde, diese Fragen sollte man sich jetzt stellen. Am besten an einem »Faultag«, wenn man allein in seinem Zimmer und sich ganz automatisch ganz nah ist. Jetzt fragen Sie sich vielleicht etwas beunruhigt: »Was aber, wenn ich feststelle: Ich bin allein im Zimmer und habe gar keine Interessen?« Dann bin ich überzeugt, dass einem spätestens, wenn man diesen Schreck überwunden hat, Sachen aus der Jugend einfallen, die einen damals gefesselt haben. Einige davon kann man unter Umständen wieder ansteuern. Vielleicht das Klavierspielen. Oder Sprachen. Man darf nur nicht in Panik geraten und denken: »Ich sitze in diesem Zimmer, habe nur meine Arbeit und sonst keine Interessen.«

Ich glaube, jeder hat Interessen. Die hat man allenfalls vergessen. Fragen Sie sich doch einmal, was Sie mit neunzehn gemacht haben, bevor Sie in den Beruf gegangen sind? Was sind denn die intensivsten Zeiten gewesen? Das war immer VOR der Arbeit. Dieses: »Weißt du noch, wie wir mit zwanzig mit dem Zelt …« DAS sind die bedeutsamen Geschichten, die großen Gefühle, die wilden Erlebnisse. Das Gleiche gilt vielleicht noch mal für den Arbeitseinstieg. Wenn ich mit älteren Kollegen zusammensitze, klingt das oft so: »Weißt du noch bei *Grease* früher auf der Reeperbahn?« Ich glaube, dass ich in meinem Job zwischen fünfzig und sechzig einige Highlights erlebt habe, aber grundsätzlich war das eher ein Plateau. Aufregend und eindrucksvoll sind vor allem die Dinge, die man zuvor noch nie gemacht hat.

Reisen können aufregend und eindrucksvoll sein, wenn man Orte und Kulturen besucht, die fremd sind. Eigentlich möchte ich einmal überallhin im Leben. Ich habe schon als Kind in den Atlas geguckt und mir überlegt: »Welche Länder möchte ich bereisen? Eigentlich alle!« Mittlerweile habe ich schon sehr viele gesehen, und alle anderen stehen auf meinem Wunschzettel, den ich mir zwischen sechzig und siebzig noch einmal vornehmen möchte, solange ich fit genug bin, um diese Reisen zu machen. Nur Länder, die homophob sind oder totalitäre Diktaturen, die bereise ich nicht. Leider werden das immer mehr … Wenn wir jetzt spontan auf Weltreise gehen müssten, wüsste ich genau, wo wir hinmüssten. Australien, Neuseeland, diese ganz weit entfernten Ziele, habe ich zum Beispiel noch nicht gesehen, was ein bisschen daran liegt, dass ich nicht so ein Naturmensch bin. Länder, die vor allem durch Natur punkten, standen nicht ganz oben auf meiner Liste. Wenn in Australien in der Wüste alle vor dem Ayers Rock vor Ehrfurcht erstarren, lässt mich das ein bisschen kalt. Berge sind nicht so meins. Ich mag lieber Wasser.

Notfalls könnte ich auch einige Ziele streichen. Ewige Einöden interessieren mich zum Beispiel nicht. Südkorea steht noch auf der Liste – und darauf freue ich mich. In Japan war ich nur einmal, dort gibt es noch Orte, die ich unbedingt sehen möchte. Mit Südamerika bin ich fast durch. Chile fehlt noch. Und Peru. Worauf ich mich jenseits der Sechzig freue: Wir können diese Länder ganz anders bereisen. Ob wir zwei Wochen bleiben oder zwei Monate, spielt keine Rolle. Einfach mal nicht zu planen stelle ich mir traumhaft vor. Das Schönste wäre allerdings, wenn wir irgendwo mal sagen könnten: »Hier ist es schön, hier bleiben wir.« Das habe ich das letzte Mal nach meinem Studium in New York gemacht. Damals bin ich ungefähr ein Jahr geblieben. Was Wolfgang, meinem Mann, und mir auch gefallen würde, wäre ein Projekt in der Stadt X. Man hat zu tun, vernetzt sich mit den Leuten vor Ort und ist nicht mehr nur Tourist. Vielleicht könnte ich irgendwo ein Musical inszenieren. Mit der Jugend von Amsterdam oder Troisdorf. Wer weiß … Ich glaube, reisen ist wichtig und hält auch den

Kopf fit. Man beschäftigt sich mit fremden Dingen, bricht aus gewohnten Kreisläufen aus, guckt sich ganz verschiedene Dinge an, und womöglich lernt man sogar noch das Restaurant-Level einer anderen Sprache, sodass man zum Beispiel in Vietnam seinen Kaffee bestellen kann. Das ist alles Gehirntraining und großartig.

Der einzige Nachteil weiter Reisen ist der Jetlag. Der wird im Alter immer schlimmer, das ist wirklich schrecklich. Früher konnte ich nach New York fliegen für ein Wochenende und mir ging's prima. Als ich jetzt – im fortgeschrittenen Alter – wegen eines Arbeitsjobs für drei Tage in Denver war, dachte ich: »Ich trickse meinen Körper aus und lebe, schlafe und arbeite weiter nach dem deutschen Rhythmus.« Ich dachte, das kriegt mein Körper gar nicht mit. Das war der schlimmste Jetlag, den ich je hatte! Ich bin drei (!) Wochen zu Kreuze gekrochen. Deshalb hasse ich nicht nur Leute, die keinen Kater haben. Ich hasse auch diejenigen, die sagen: »Ich habe keinen Jetlag.« Das ist gemein. Früher habe ich gerechnet: Ich brauche einen Tag pro Zeitzone, um mich wieder anzupassen. Das heißt: Wenn ich sechs Zeitzonen weg war, brauchte ich sechs Tage. Inzwischen ist es das Dreifache, also drei Tage pro Zeitzone. Wenn ich zum Beispiel von Mexiko zurückkomme, brauche ich drei Wochen, um wieder halbwegs geradeaus gucken zu können. Das heißt nicht, dass ich nicht leben kann, es heißt nur: Ich sollte keinen Traktor fahren, keine schweren Maschinen bedienen und nicht arbeiten.

Die zweite große Reise-Beschränkung neben dem Jetlag ist neuerdings das Klima. Seit ich älter bin, macht mich das Tropische mit hoher Luftfeuchtigkeit richtig fertig. Bei mir müssen die Temperaturen zwischen zwanzig und dreißig Grad Celsius liegen, dann ist alles schön. Costa Rica finde ich zum Beispiel richtig anstrengend. Also, ich kann schon dort sein, aber dann liege ich in der Hängematte und sage: »Wieso bin ich überhaupt von zu Hause weg? Ich kann ja gar nichts machen hier.« Ich komme wirklich nicht in die Gänge. Solche Klimazonenwechsel fallen meinem Körper nicht mehr so leicht wie mit dreißig oder mit vierzig. Deshalb jetzt (!) reisen. Möglichst lang und möglichst weit. Und keine Angst vor ausländischen Ärzten! Es gibt mittlerweile die Telemedizin, sodass man auch aus dem Ausland Kontakt zu seinem Hausarzt aufnehmen kann. Außerdem spricht nichts dagegen, im Ausland zum örtlichen Spezialisten zu gehen. Es ist nicht so, dass andere Länder medizinisch schlechter aufgestellt sind als wir. Die Vorstellung, dass es beispielsweise in Kolumbien keine tollen Ärzte geben würde, ist ein bisschen naiv. Ganz im Gegenteil: Man wundert sich, wenn man in einer asiatischen Praxis sitzt, in der das Mobiliar besser ist und auch die Bilder an der Wand viel schöner aussehen als in den meisten deutschen Arztpraxen. Die sind oft top ausgestattet. Da hockt man nicht beim Dorfarzt in der Bambushütte, sondern ist in Bangkok in einer Hightech-Klinik. Ich war auch schon in Mexiko in der schicksten Hautarztpraxis, die ich je gesehen habe. Es spricht also nichts gegen das neue Hobby Reisen. Und wer keine Lust auf lange Flüge hat, tourt mit dem Zelt durch Skandinavien oder entdeckt die Masuren ... Ich glaube, zu reisen ist sehr, sehr wichtig.

Sich neue Ziele setzen

Ich habe einen großen Traum im Leben, den ich mir bislang noch nicht erfüllt habe: Ich möchte gern Opernregie machen. Ich habe in Musicals Regie geführt, wollte aber auch immer mal zur Oper. Ich liebe Opern, ich liebe es zu inszenieren, und es gibt nichts Schöneres für mich, als morgens um zehn auf eine Probe zu gehen, wo ein Chor singt oder ein Orchester spielt. Gerade bin ich über drei Kontakte bei einem Agenten gelandet, der Regisseure vermittelt. Ihm habe ich fünf Inszenierungsideen in wenigen Sätzen zusammengefasst – und wenn der anruft, mache ich übermorgen *La Bohème*. Mein Konzept dazu befindet sich seit fünfzehn Jahren in meinem Computer … Ich weiß, für so etwas braucht man Zeit, das ist richtig arbeitsintensiv, und man kann es nicht mal eben zwischen zwei anderen Aufträgen erledigen. Nun bin ich bereit dafür – und das ist nicht nur zeitlich gemeint. Im Alter kann man auf das bauen, was man geleistet hat, und bestimmte Risiken leichter eingehen. Ich habe weniger Angst, mich zu blamieren als mit dreißig oder vierzig. Und das ist ein schönes Gefühl. Ich bin mir nicht sicher, ob ich einen Opernregie-Auftrag – wenn er denn gekommen wäre – vor ein paar Jahren nicht abgesagt hätte, weil ich es mir nicht zugetraut hätte. Früher stand alles unter einem viel größeren Druck. Als ich zum ersten Mal eine große Fernsehsendung moderierte, hatte ich wirklich Schiss. Beim *Eurovision Song Contest*, der live übertragen wird und ein wirklich großes Kaliber im deutschen Fernsehen ist, darfst du nichts verkehrt machen.

Und je älter ich werde – das ging schon mit fünfzig los –, desto häufiger denke ich nun: »Ooooch, wird schon.« Ich habe jetzt zum Beispiel zum ersten Mal eine Reality-Sendung gedreht, sechs Wochen lang, bei der es darum geht, dass Promis für normale Menschen den perfekten Partner suchen. Man sieht es nicht beim Gucken, aber das waren immer Drehtage von zehn Stunden – über sechs Wochen. Das war richtig anstrengend, denn du musstest permanent performen und funktionieren! Das hätte ich vor fünf Jahren vielleicht noch nicht gemacht, denn ich bin wirklich ein totaler Streber. Und das war ich immer schon. Sonst hätte ich die vielen verschiedenen Sachen, die ich immer vorangetrieben habe, gar nicht hinbekommen. Ich hatte keine Zeit für Chaos. Deshalb denke ich manchmal, dass es vielleicht auch meine Aufgabe in der neuen Dekade ist, ein bisschen Chaos zuzulassen, weil man nicht mehr solche Angst vorm Scheitern haben muss. Ich würde denken, dass ich heute einen Flop besser verkraften würde. Wenn dir als Koch nach dreißig Jahren einmal der Sauerbraten anbrennt, bist du bestimmt nicht mehr so streng mit dir wie zwanzig oder dreißig Jahre zuvor. Du weißt ja, dass du kochen kannst. Und wenn nun einer sagt: »In dem einen Gang war zu wenig Salz.« Dann sagt der Koch: »Ja, Gott …« Das kratzt nicht an seiner Berufsehre, weil die Summe der Erfolge deutlich größer ist als die Summe der Misserfolge. Darauf kann man bauen.

Und deshalb finde ich, dass wir alle im Alter ein bisschen entspannter mit beruflichem Druck umgehen sollten. Das kann sogar sehr spannend werden. Ich muss nicht mehr denken: »Wenn ich jetzt einen Flop habe … eine Show, die keiner guckt, eine Quote, die schlecht ist, oder sonst irgendein Pressedebakel …« Ich wünsche mir das nicht, aber ich hätte nicht mehr so viel Angst davor, und das ist für jemanden wie mich, der immer sehr zielgerichtet alles verfolgt hat, ein schöner neuer Zustand – auch wenn der Realitätscheck noch aussteht. Vielleicht sollte ich einmal ganz gezielt ein solches Projekt ansteuern, bei dem dann keiner kommt und nur ich Spaß habe. Bei dem null Tickets an der Abendkasse verkauft werden. Oder ich drehe einen Arthouse-Film, den niemand sieht. Bislang habe ich bei all meinen Projekten versucht, eine möglichst große Masse an Leuten zu erreichen. Vielleicht setze ich mal etwas Boutique-Mäßiges um, das nur zehn Leute interessiert. Die Abwendung vom Ziel, möglichst viele Leute zu erreichen, kann ein neuer Weg sein. Ich bin auf jeden Fall neugierig und aufgeschlossen und gespannt, was kommt. Und hoffe, dass mein Opern-Agent endlich anruft …

Vorsicht vor zu dämlichen Altersprojekten!

Im fortgeschrittenen Alter drohen die Altersdepression und die große Langeweile auf dem heimischen Sofa – darüber haben wir gesprochen. Es naht aber auch Gefahr aus der entgegengesetzten Richtung: die unüberlegte Umsetzung dämlicher Altersprojekte. Und damit meine ich nicht den Arthouse-Film, den niemand sehen möchte … Ich erlebe Leute, die zwischen sechzig und siebzig völlig ausflippen, weil es ihnen gesundheitlich noch gut geht und sie es zeitlich nun endlich können. Die kaufen sich ein Apartment in Costa Rica oder ziehen nach Mallorca. Ich wundere mich regelmäßig über Rentner, die nach Mexiko auswandern und noch nicht einmal zwei Monate am Stück dort gelebt haben, sondern immer nur ihren Urlaub im All-inclusive-Club an der mexikanischen Küste verbracht haben. Ich finde, die sollten doch erst einmal testen, ob ihnen die mexikanische Küche wirklich dauerhaft schmeckt. Blödsinnige Altersprojekte darf man nicht unterstützen! Deshalb danke ich schon heute meinem Ehemann, der sehr vernünftig ist und mich ganz bestimmt davor warnen und bewahren wird, mir irgendwann ein romantisches französisches Château zu kaufen. Ich sehe es vor meinem inneren Auge: Unter dem Dach meines Châteauchens wohnen wahrscheinlich achtzig hundertjährige Tauben, die alles zerfressen, aber leider zu einer geschützten Art gehören. Und während die Demo aus dem Dorf an mir vorbeizieht, sitze ich auf meiner morschen Terrasse, lasse mich bei einem guten Landwein von französischen Wutbürgern anschreien und denke: »So habe ich mir meinen Alterssitz nicht vorgestellt.«

Vor dämlichen Ideen in den Sechzigern graut mir ein wenig. Vor der Aktmalerei oder dem Flamenco-Tanzstudio, das genauso nach hinten losgeht wie bei den Auswanderern auf VOX die Strandbar in Kuba, die nicht läuft. Ich bin der Meinung, das Neue sollte an ein Gebiet angrenzen, das man beherrscht. Ich halte es für riskant, wenn ein ehemaliger Finanzberater, der kein Spanisch spricht, eine Strandbar in Costa Rica eröffnet, obwohl er nicht weiß, wie man das Bambusdach anschraubt und keine Ahnung von Gastro und Alkohol hat – außer, dass er Letzteren gern trinkt. Diesen Leuten kann man in der schönen Serie *Goodbye Deutschland! Die Auswanderer* jedes Mal beim Scheitern zuschauen. Das kann nicht klappen. Man sollte besser an vorhandene Kenntnisse andocken. Deshalb: Vorsicht bei ganz neuen Feldern und bekloppten Ideen, auf die mein Mann mit siebzig zurückschauen und sagen wird: »Das war eine typische Mittsechziger-Idee.«

Vielleicht akzeptiere ich aber doch noch ein Haustier nach

all den Jahren? Oder ich sage: »Ich starte jetzt eine Travestie-Karriere in Mexiko-City.« Ein Teil von mir fände das ganz schön, weil bis jetzt alles recht vernünftig in meinem Leben lief, sehr geplant. Ich hätte Lust, ein bisschen Unvernunft und Chaos zuzulassen. Das könnte ein Hobby sein oder ein Projekt. Man muss den Mut haben, im entscheidenden Moment die Gelegenheit zuzulassen. Viele Leute in meinem Alter erzählen, dass ihnen irgendwann etwas untergekommen sei: ein Stück Land oder ein Hotel. Freunde von mir haben zum Beispiel jahrelang in einem bestimmten Hotel in der Schweiz Urlaub gemacht. Da waren sie immer, das fanden sie schön. Und dann bekamen sie auf einmal die Gelegenheit, dieses Hotel zu kaufen. Das war nicht geplant, aber sie hatten die Zeit, die Erfahrung, die Fitness und die Ressourcen, um zuzugreifen. Womöglich kommt bei mir auch noch etwas von außen, was ich mir nicht an meinem Schreibtisch ausgedacht habe. Wobei ich der Erste war, der bei unseren Freunden gerufen hat: »Um Gottes willen! Bloß nicht ein Hotel! Da kommen schreckliche Menschen! Nur weil ihr gern im Hotel seid, heißt das nicht, dass man auch ein Hotel besitzen muss.« Aber die sagten: »Wenn das nichts wird, dann verkaufen wir es wieder nach zwei Jahren.« So etwas geht man wahrscheinlich nicht mehr mit 75 an, aber mit 65 klappt das noch …

Was ich mir aber fest vorgenommen habe: Wenn ich etwas Doofes mache, lasse ich es nicht von einer Reality-TV-Crew begleiten! Es können sich alle sicher sein, dass sie das Thomas-Hermanns-Travestie-Debüt in Mexiko-City nicht auf RTL2 werden verfolgen können. Davon erfahren nur wenige Eingeweihte. Ich glaube tatsächlich: Pfiffige Altersprojekte können einen schrecklichen Verlauf nehmen. Deshalb: Leichtes Gepäck! Auf den Ehemann oder die Ehefrau hören! Keine Immobilien, keine langfristigen Verpflichtungen, eher mieten als kaufen!

Meine persönliche Diese-Projekte-werde-ich-hoffentlich-auch-ab-sechzig-nicht-machen-Liste:

1. Sich ein Haustier zulegen. Mein Mann hätte ja gern einen Esel und eine Beistellziege. Die finde ich auch süß, aber ich mag die Verantwortung nicht übernehmen. Wenn ich die Wahl habe zwischen einem talentierten Menschen und einem Esel, finde ich es logisch, mich eher um den Menschen zu kümmern.
2. Tomaten anpflanzen, eigentlich alles mit Blumen und Pflanzen.
3. Farming insgesamt. Hühner sind mein Albtraum. Ich habe ein Geflügel-Trauma. Vor Federn laufe ich davon. Wenn ich auf dem Markusplatz in Venedig stehe, bekomme ich einen Schreianfall. Vielleicht war es ein Fehler, als Kind Hitchcocks *Die Vögel* viermal hintereinander zu gucken, oder mich hat auf dem Bauernhof meiner Oma mal ein Hahn angegriffen. Wenn ich Barbara Schöneberger mit ihren Hühnern sehe, denke ich: »Das wäre das Schlimmste, was du mit mir machen könntest.« Das wird auf keinen Fall eintreten! Das wissen auch alle. Dann doch lieber ein Alters-Travestie-Lokal. Lieber Federn an Boas als an Tieren!

4. Kinder – ich werde bestimmt keine Kinder adoptieren. Vielleicht hat jemand ein Kind, das ich betreuen könnte. Dann bin ich die gute Tante und gehe mit dem Kind zum ersten Mal in die Oper oder ins Ballett – und das Kind erlebt *Schwanensee*. Das müsste aber ein super erzogenes Kind sein. Ohne Handy und ohne eigene Meinung.

5. Etwas umbauen. Bloß nichts mit einer Leiter oder einem Hammer! Horror! Ich kann ein Haus umdekorieren, darin bin ich auch ganz pfiffig, das macht mir richtig Spaß. Aber die Wände hochziehen und festlegen: Da ist das Klo und da der Partykeller – das würde mich um den Verstand bringen. Grundbesitz macht mich ohnehin eher nervös.

6. Zu viel Vereinsmeierei – also zu viele Sitzungen, in denen ein Kassenwart die Einnahmen vorrechnet und sich beschwert: »Da hat der Thomas noch nicht seinen Beitrag geleistet ...« Ich halte mich von Strukturen fern, wo ich mit Menschen, die mich womöglich nicht interessieren, auf einen gemeinsamen Nenner kommen muss.

7. Zelten und Camping über sechzig – das ist bestimmt die schlechteste Idee der Welt. Wenn man das bis sechzig nicht mochte, muss man nicht damit anfangen.

8. Nudistenstrände. Die fand ich immer schon schrecklich. Ich bin ein Freund des ästhetischen Verhüllens und weiß: Nicht alles, was es gibt, ist schön.

9. Trampen – auch unvorstellbar.

10. Eine eigene Kneipe aufmachen. Noch so ein Alb-

traum. Ich glaube, das ist genau einen Abend lang schön: Da kommen meine Freunde, ich darf endlich die Musik bestimmen und habe das Gefühl, alle Getränke seien frei – was aber gar nicht stimmt. Dann kommt der zweite Abend mit den ersten doofen Leuten. Ein Kellner stibitzt den Rum. Und die Kasse streikt.

11. Reiten.

12. Auswandern. Öfter im Ausland sein, finde ich großartig. Das mache ich gern, aber lieber mit leichtem Gepäck. Ich will nicht irgendwo auf der Welt etwas besitzen, worum ich mich kümmern müsste. Eigentum verpflichtet … Oder ich müsste es vermieten – und darauf hätte ich ebenfalls keine Lust. Viele meiner Freunde, die irgendwo Häuser gekauft haben, fangen spätestens im dritten Jahr an zu jammern, weil sie jedes Mal, wenn sie da sind, im Garten arbeiten oder mit dem Gärtner etwas besprechen müssen. Das bedeutet Arbeit.

13. Einen Weinberg kaufen. Ich finde es lustig, dass Leute einen Weinberg besitzen wollen, weil sie gern Wein trinken. Das ist die mit Abstand absurdeste Idee im Leben! Ich glaube, dass der Job eines Winzers hochkompliziert, anstrengend und schwierig ist. Nichts hat weniger miteinander zu tun als: »Ich trinke gern Rioja« und dem Weinberg in Andalusien, wo man staunt: »Die Trauben sind ja noch gar nicht in der Flasche.« Das ist wirklich eine ganz, ganz schlechte Idee. Solchen Ideen darf man nicht nachgehen. Selbst wenn die Gelegenheit

kommt. Wahrscheinlich gibt es sogar Firmen, die spezialisiert darauf sind, Rentnern solche Projekte anzudienen. Da sehe ich mich genau: Das Weingut ist 300 Jahre im Familienbesitz – und du kommst dorthin und merkst sofort, dass die Familie sich zerstritten hat, weil keiner das machen möchte. Es gab schon endlose Diskussionen am Weihnachtstisch, wer diesen Sch*-Weinberg übernimmt. Und dann komme ich mit meiner freundlich-fliederfarbenen Jacke und denke, ich sei jetzt bei *Falcon Crest*. (Eine schillernde amerikanische Serie aus den Achtzigern, in der es um Weinbau ging.) Das sollte nicht passieren! Das ist noch schlimmer als: »Ich will ein eigenes Hotel haben.« (Und damit kommen wir zum letzten Punkt auf meiner Liste.)

14. Das kleine Boutique-Hotel in Südfrankreich. Das ist meine Achillesferse! Ich bin ein leidenschaftlicher Hotel-Fan, ich liebe Hotels. Wenn jemand mit so einem Châteauchen um die Ecke käme, das ganz klein und in schöner Landschaft gelegen ist und das schreit nach: »Oben hast du deine Wohnung, und unten sind sechs Zimmer.« Das wäre meine größte Versuchung. Aber bislang stoppt mich Wolfgang immer. Und ich weiß ja selbst: Das geht immer schief. Diesbezüglich glaube ich RTL2: Du stehst beim Bürgermeisteramt in Südfrankreich, keiner will dich, und du verstehst sie nicht ganz richtig. Das ist keine gute Idee. (Deshalb bitte, wenn Sie dieses Buch lesen: Schicken Sie mir KEINE Exposés von kleinen Châteaus in Frankreich!)

Kleiner Nachtrag

Bei der Show-Schule bin ich mir noch nicht sicher. Die könnte mir passieren. An der Comedy-Schule in Köln habe ich mal Stand-up-Masterklassen gegeben, also nur für Leute, die schon was konnten, nicht für Laien. Das fand ich interessant, denn was macht man sonst mit dem Wissen, das man sich in dreißig Jahren erarbeitet hat? Weitergeben! Ich komme richtig in Fahrt, wenn ich mit jungen Leuten arbeite und die anfangen zu blühen. Das macht einen riesigen Spaß. Wahrscheinlich wäre ich Tanzlehrer geworden, wenn meine anderen Projekte nicht geklappt hätten. Ich bin wirklich talentsüchtig. Talent macht mich wach und kriegt mich aus dem Bett. Wer gleichzeitig singen, tanzen, spielen kann, den bewundere ich, weil da sehr viel Begabung zusammenkommt. Allerdings gibt es auch staatliche Schulen. Und ich habe die Befürchtung, dass ich dann eher die Bewerber bekomme, die von der staatlichen Schule nicht genommen wurden, weil sie nicht talentiert genug sind. Das passiert bei Privatschulen im Musical-Bereich ganz häufig. Dann wird den Bewerbern das Geld abgeknüpft und gesagt: »So schlecht klingt das gar nicht.« Ich wünsche mir das Aufwachsen der nächsten Ute Lemper, stehe aber vor etwas Mittelbegabtem und bin im Konflikt, weil der Probenraum nicht voll wird, wenn ich solche Leute nicht nehme. Also: Vorsicht bei dem Projekt!

Nun noch der offizielle Teil

Über sechzig ist man definitiv erwachsen, daher sollte man einige grundlegende Dinge des Lebens verstanden haben: Was ist die Umsatzsteuer? Welche Versicherungen brauche ich wirklich? Und was bedeutet ein Abseits beim Fußball? Man kann nun wirklich nicht mehr so tun, als wäre man noch in einer Phase, in der man wichtige Aspekte des täglichen Lebens nicht kennen müsste … Früher konnte man mit jugendlichem Schwung sagen: »Ich weiß auch nicht, warum ich die Umsatzsteuer immer ausgebe.« Diese Zeit ist vorbei. Stattdessen sollte man Steuer, Versicherungen und Verfügungen sortiert und parat haben. Auch über sein Testament sollte man sich mit sechzig Gedanken gemacht haben. Es müsste doch jedem bewusst sein: Jeder kann vom Bus überfahren werden. Und auch bei der Patientenverfügung muss man immer mal wieder schauen, ob man juristisch auf dem neuesten Stand ist. Dieser regelmäßige juristische Check-up ist ebenso wichtig wie der medizinische. Deshalb empfehle ich, Anwälte so gewissenhaft auszusuchen wie Ärzte. Wobei ich großes Glück habe: Mein Hausanwalt ist mein erster Anwalt, mit dem ich seit dreißig Jahren zusammenarbeite – und er bereitet sich erfreulicherweise nicht auf die Rente vor. Sonst müsste ich nun neben meiner Arztsuche auch noch auf Anwaltssuche gehen: Für den gelten grundsätzlich nämlich ähnliche Kriterien, wie ich sie auch bei der Arztwahl anlege – nur ist die Dekoration in Kanzleien meist geschmackvoller. Und der Desk ist besser organisiert, wobei man sagen muss: Beim Anwalt ist auch nicht so viel los wie beim Arzt. Dort bekommt man beim Warten üblicherweise einen guten Espresso und kann sich in gemütliche Stühle setzen. Dafür rufen Juristen im Anschluss andere Stundensätze auf als der Arzt …

Dennoch ist es wichtig, diese Dinge in Ordnung zu bringen. Und eigentlich ist es doch sogar spannend, sich die Ordner anzuschauen und zu gucken: Was ist da an Versicherungen? An Geld? An Altersvorsorge? Wovon lebe ich später? Das sollte mittlerweile nicht nur an Bedrohlichkeit verloren haben, dieser Teil könnte sogar ein Freund werden, wenn man feststellt, dass man zwei Unfallversicherungen abgeschlossen hat, von denen man eine kündigen kann. Oder man checkt, welche Versicherungen die Kreditkarte beinhaltet, wodurch man die Gepäckversicherung für die nächste Reise vielleicht nicht mehr braucht. Ein bisschen in die alten Ordner gehen und eine Bestandsaufnahme machen: Was ist da und warum? Brauche ich das, oder brauche ich es nicht?

Die Kür wäre natürlich, zudem zu schauen: Gibt es etwas Besseres? Tendenziell sind die Deutschen wahrscheinlich das überversichertste Volk der Welt. Ich habe auch zu viel. Mir würde vermutlich jeder Amerikaner ins Gesicht lachen, wenn er meine Unfallversicherung von 1993 entdecken würde. Aber gerade als Künstler finde ich es gut, ein bisschen Sicherheit zu haben. Die meisten haben eher zu wenig … Ich habe auch für meine Versicherungen jemanden, der mich berät – und dem ich vertraue. Was mir fehlt, ist ein guter Bankberater. Den hätte ich gern, den gibt es leider nicht mehr. Meine Mutter hatte früher einen Berater, der ihre Konten kannte und sie gut beraten hat – und ihr nicht immer nur die neuesten Geldanlagen verticken wollte. Stattdessen tippt man heute die fünfte PIN ein und guckt, was in seiner Mail steht. Dabei ist Geld doch auch eine Sache, die wichtig ist und mit der gut umgegangen werden sollte. Der Bankberater fehlt mir ein bisschen in meinem Team Thomas.

Team Thomas: Rechtsanwalt und Steuerberater Roland Rotermund

Mit Roland arbeite ich seit drei Jahrzehnten zusammen. Er macht Steuerrecht und sonstiges Recht – und ist natürlich in einer absoluten Vertrauensposition. Ich finde, dass die Aufbewahrung oder das Aufsetzen von Testamenten oder Patientenverfügungen eine fast intime Tätigkeit ist, die ich nicht auf dem Postamt erledigen möchte. Deshalb freue ich mich, dass ich meinen Anwalt so lange kenne, weil er mich dadurch sehr gut einschätzen kann. Er betreut mich bei meinen Firmenentscheidungen, deshalb würde ich sagen: Ich habe nicht nur einen Hausarzt, sondern auch einen Hausanwalt.

Welche juristischen Dokumente sollte man ab sechzig auf jeden Fall vorbereitet haben?

Wie sagt der Jurist an dieser Stelle? Das kommt darauf an … Ein Testament könnte dazugehören. Aber ehrlicherweise sollte man das schon vor dem sechzigsten Geburtstag geschrieben haben, weil immer etwas passieren kann. Und nicht jeder braucht ein Testament. Ein verheiratetes Paar ohne Kinder braucht zum Beispiel keines, wenn der Überlebende alles bekommen soll. Auch mit Kindern ist das nicht zwingend notwendig, aber da fängt es an, komplizierter zu werden. Erst recht bei Patchwork-Familien oder wenn größere Unternehmen im Spiel sind. Dann sollte man nichts dem Zufall überlassen und einen Anwalt konsultieren. Es passiert gelegentlich, dass das mit eigenen Worten Aufgeschriebene nicht dem entspricht, was eigentlich gewollt ist. Auch an eine Vorsorgevollmacht sollte man denken. Damit wird der oder die Bevollmächtigte in die Lage versetzt, bestimmte oder alle Dinge des täglichen Lebens zu übernehmen, falls das nötig wird. Dieser Fall kann ganz plötzlich – zum Beispiel durch einen Unfall – entstehen. Dann macht eine Vollmacht viele Dinge einfacher. Auch, wenn jemand von Demenz betroffen ist – und das kommt zunehmend häufiger vor. Diese Vollmacht bedarf keiner besonderen Form. Wenn jedoch Immobilienvermögen oder Anteile an Kapital- oder Personenhandelsgesellschaften vorhanden sind, muss die Vollmacht notariell beglaubigt sein.

Ein weiteres wichtiges Dokument ist die Patientenverfügung. Damit kann für den Fall der späteren Entscheidungsunfähigkeit vorab schriftlich festgelegt werden, welche medizinischen Maßnahmen durchgeführt werden sollen – oder eben auch nicht. Liegt eine solche Verfügung vor, kann und muss der Arzt überprüfen, ob der aktuelle Fall dort geregelt ist und wie zu verfahren ist. Dies erleichtert den Angehörigen das Leben enorm, weil ihnen schwerwiegende Entscheidungen abgenommen werden. Wer Anspruch auf eine gesetzliche Rente hat, sollte prüfen, ob alle Versicherungszeiten ordnungsgemäß bei der Deutschen Rentenversicherung (DRV) erfasst sind. Nur dann gibt es die höchstmögliche Rente. Das kann man zusammen mit der DRV rechtzeitig vor dem Renteneintritt überprüfen lassen.

Wo sollte man diese wichtigen Dokumente aufbewahren?
Grundsätzlich kann alles zu Hause aufbewahrt werden, so-

lange jemand weiß, wo sich die Dokumente befinden. In einzelnen Fällen sollte zumindest das Testament an einem sicheren Ort liegen, auf den nicht jeder Zugriff hat. Das kann ein Schließfach sein oder auch eine befreundete Person oder ein Anwalt des Vertrauens. Für die Vorsorgevollmacht gibt es zusätzlich die Möglichkeit, diese im Zentralen Vorsorgeregister der Bundesnotarkammer eintragen zu lassen.

Für Freiberufler: Spätestens mit sechzig sollte man doch die Rente und Altersversorgung im Blick haben.

Wer bis sechzig nichts unternommen hat, ist definitiv sehr spät dran, vielfach zu spät. Ohne gesetzliche Rente muss Vermögen aufgebaut werden. Ist das bis dahin nicht geschehen, bleibt nicht viel Zeit – und damit die Pflicht, noch lange aktiv zu arbeiten. Wer ein bisschen was angespart hat, sollte sich genauer damit auseinandersetzen, wie die weitere Lebenszeit gestaltet werden kann. Hier könnte auch der Besuch eines entsprechenden Beraters hilfreich sein.

Du begleitest mich seit meiner Zeit als Berufsanfänger – habe ich in deinen Augen alles richtig gemacht für eine fröhliche nächste Dekade?

Lachen ist bekanntlich gesund. Insofern hast du schon mal alles richtig gemacht! Karrieretechnisch läuft es bis heute nicht schlecht. Vom Keller des Schauspielhauses zum Fernsehstar. Auch mit sechzig wirst du sicher noch in vielen Unterhaltungsshows für fröhliche Unterhaltung sorgen. Und auch als Buchautor und Musical-Entwickler hast du Erfolge vorzuweisen. Der größte Schritt war sicher, einen eigenen Theaterbetrieb für den *Quatsch Comedy Club* zu gründen und bis heute erfolgreich zu betreiben. Das stellen sich die meisten viel einfacher vor, als es ist. Gleichzeitig Entertainer, künstlerischer Leiter und kaufmännischer Geschäftsführer zu sein, war zwischendurch etwas viel. Zudem – wenn ich das so sagen darf – sind Buchhaltung, Zahlen und Steuern nicht unbedingt deine liebsten Themen. Daher war es sicher schlau, einen zusätzlichen kaufmännischen Geschäftsführer einzusetzen. Und damit kann ich sagen: Alles richtig gemacht!

Bist du stolz auf mich, dass ich inzwischen die Umsatzsteuer nicht mehr ausgebe?

Darüber bist du doch seit Jahrzehnten hinweg! Aber wie bei all meinen Künstlern war ich auch bei dir froh, als dieser Zeitpunkt endlich erreicht war.

5. Kapitel: Junge Interessen

Testen Sie zunächst mit diesem Zeitgeist-Quiz, ob Sie sich noch einigermaßen im Hier und Jetzt auskennen:

1. Wer oder was ist Freshtorge?
   A: Ein Mensch
   B: Eine isländische Eissorte
   C: Ein Nacktmulch, der 2020 neu entdeckt wurde
   (Richtig: A)

2. Was ist Reggaeton?
   A: Ein Strandspiel
   B: Eine Musikrichtung
   C: Ein Held der Marvel Comics
   (Richtig: B)

3. Wer oder was ist Zendaya?
   A: Ein balinesischer Kampfsport
   B: Eine Schauspielerin/Sängerin
   C: Ein japanisches Dessert
   (Richtig: B)

4. Bei welcher Band war Harry Styles ursprünglich?
   A: One Direction
   B: B.L.T.
   C: TBS
   (Richtig: A)

5. Was macht die Tochter von Heidi Klum beruflich?
   A: Modeln
   B: Kochen
   C: Politik
   (Richtig: A)

6. Was ist Causa Limeña?
   A: Ein juristischer Fachbegriff
   B: Eine Luxusinsel bei St. Barth
   C: Ein Kartoffelgericht aus Peru
   (Richtig: C)

7. Was ist Cis?
   A: Jemand der sich in dem Geschlecht wohlfühlt, in
      dem er/sie geboren wurde
   B: Eine Musiknote
   C: Das Gegenteil von trans
   (Antwort: Alles drei)

8. Wer oder was ist Jacinda Ardern?
   A: Die Premierministerin von Neuseeland
   B: Ein Teebaumöl
   C: Die Drag-Race-Gewinnerin US 2021
   (Richtig: A)

9. Was ist Drag Racing?

A: Das Finale der *RuPaul's Drag Race*-TV-Show

B: Ein Autorennen

C: Atemlosigkeit

(Richtig: B)

10. Was ist Taylordle?

A: Eine britische Hunderasse

B: Ein Brettspiel mit Taylor-Swift-Begriffen

C: Eine norwegische Heavy-Metal-Band

(Richtig: B)

Und, wie ist es gelaufen? Ich würde sagen, wenn Sie nicht mindestens die Hälfte der Fragen sicher beantworten konnten, sollten Sie dringend mit jüngeren Menschen Kontakt aufnehmen. Nichts lässt einen älter wirken als der Satz:»Was die jungen Leute so tun und sagen, das verstehe ich nicht mehr.« Sowieso ist es nicht gut, das Interesse an jungen und fremden Themen, die einem erst mal nichts bedeuten, zu verlieren. Die Welt spült uns jeden Tag neue Themen auf den Tisch, neue Trends, neue Technologien – über die sollten wir zumindest grob Bescheid wissen, um uns nicht abgehängt zu fühlen. Durch meinen digitalen Ehemann komme ich an bestimmten Themen ohnehin nicht vorbei. Ihn kann ich immer fragen:»Was ist denn dieses TikTok?« Oder:»Muss ich Instagram verstehen?«

Ich glaube, ich bin einer der wenigen Prominenten in Deutschland, die nichts in Social Media machen. Null. Aber nicht, weil ich diese neuen Dinge ablehne, sondern weil ich sie als Arbeit empfinde, als eine Verlängerung des Marketings. Ich erlebe das jedes Mal, wenn ich mit anderen Promis arbeite:

117

Dieses scheinbar lustige »Ich bringe mal den Kuchen rein«-Foto ist kein Schnappschuss, sondern das Ergebnis intensiver Arbeit, bei der auch Make-up und Haare perfekt sein müssen. Früher hat man als prominenter Mensch ab und zu eine Autogrammstunde gegeben. Dann saß man an einem kleinen Tisch im Einkaufszentrum, Leute kamen, und man schrieb seinen Namen auf eine Karte, für deren Foto man einmal für einen halben Tag ins Fotostudio musste. Das waren paradiesische Verhältnisse. Instagram fühlt sich hingegen an, als müsse man jeden Tag eine Autogrammkarte shooten, die aber so tut, als bedeute sie überhaupt keine Arbeit. Und dazu muss man auch noch etwas Schlaues oder Lustiges schreiben, eine Inspiration, eine Message of the Day. Viele Stars, vor allem die, die international erfolgreich sind, machen das nicht selbst, sondern lassen es von anderen in ihrem Sinne schreiben, weil sie ansonsten wahrscheinlich irre werden würden. Wie viele Stunden hat denn der Tag von Shakira? Die will auch noch Videos drehen und Lieder singen!

Dieses schöne Leben bei Insta ist eigentlich wie *Bunte*, *Gala* oder *Bravo*, nur dass die *Bravo* zwischendurch noch das Dr.-Sommer-Team mit anderen Themen und den Starschnitt hatte. Insta ist wirklich nur Glanz und Glamour. Und zu viel Glamour pro Tag ist, glaube ich, nicht gesund für das Selbstbild. Aber Insta wurde eigentlich eh schon fast von TikTok abgelöst, zumindest scheint TikTok aktuell schneller zu wachsen. Mir gefällt das auch besser – zumindest zum Gucken, weil dort zum Beispiel lustige Lip Sync Challenges stattfinden und alle schön tanzen. Wäre ich zwanzig, hätte ich selbstverständlich selbst einen TikTok-Kanal, weil es Entertainment ist. Nichts anderes. Inhaltlich bin ich allerdings eher bei Twitter, weil sich dort viele Stars tummeln, die ich gut finde. Mich interessiert beispielsweise, was Bette Midler so schreibt am Tag, und kurz habe sogar ich überlegt, ob das nicht etwas für mich wäre, weil ich ja auch gern schreibe, aber bislang konnte ich mich nicht dazu durchringen, weil es auch wieder viel Arbeit bedeutet, wenn es gut werden soll. Diese Freiheit, das für mich entscheiden zu können, empfinde ich als großen Luxus: Ich muss nicht damit arbeiten, ich muss mich nicht damit beschäftigen, dennoch versuche ich zu verstehen, worum es bei den einzelnen neuen Trends geht und warum Facebook jetzt keinen mehr interessiert.

Es ist doch interessant, was in der Welt draußen los ist – auf allen Ebenen. Nicht nur in der Technologie, sondern auch kulturell oder politisch. Ich möchte nicht so tun, als hätte ich keine Meinung mehr zu den Dingen oder sie müssten mich ohnehin nicht mehr interessieren. Ich mag auch nicht in typische Alte-Leute-Falle tappen. Dieses: »Ich habe einen Artikel in der *ZEIT* gelesen und denke, ich hätte jetzt eine Meinung.« So hat mein Papa das früher immer gemacht. Der hat die *ZEIT* gelesen zu irgendeinem Pop-Phänomen und meinte, er habe nun Ahnung und müsse das auch mal mit mir besprechen. Nur war ich längst achtzig Artikel weiter. Das hat mich als Jugendlicher wahnsinnig gemacht. An dieses Gefühl erinnere ich mich immer, wenn ich in ähnliche Situationen komme. Und ich erinnere mich auch daran, dass ich damals dachte, meine Themen seien die wichtigsten der Welt. Und dann sagt die ältere Generation: »Damit kenne ich mich aus, ich habe einen Artikel gelesen.« Oder aber – noch schlimmer: »Weiß ich alles nicht, kenne ich alles nicht, ist alles nicht wichtig.«

Diese Verweigerungshaltung zeigt sich besonders deutlich

in der Technologie. Ich gehöre zu der Generation, die sich an das erste Faxgerät erinnert. Ich weiß noch, wie ich danebenstand und dachte: »Das kann doch nicht sein, dass das jetzt in New York rauskommt.« Danach folgten der Computer und das Handy … Ich habe Freunde, die schon den Schritt zum Bankautomaten nicht mehr mitgehen wollten, weil sie – es gibt Argumente für alles – den Mann und die Frau in der Bank so nett fanden. Mittlerweile sind wir beim Homebanking angekommen und können uns kaum mehr vorstellen, dass wir früher für jede Überweisung des *Bravo*-Abos einen Zettel ausfüllen, ihn zur Bank bringen und abstempeln lassen mussten. Damals gab es dieses Papier dazwischen, dieses schmierige Kohlepapier, auf dem sich die Sachen abzeichnen sollten und man trotzdem die Kontonummer und den Empfänger nie lesen konnte und deshalb auch nie wusste: Hat Mama nun Tante Inge oder Tante Ursel Geld überwiesen? Das war doof, und heute lacht sich jedes Kind in den Schlaf bei der Vorstellung …

Natürlich sind nicht alle technischen Errungenschaften besser, aber es lohnt sich doch zu vergleichen, wie das vorher war und wie es heute ist. Was sind die Pros, was sind die Contras? Meine Generation kommt vom *Diercke Weltatlas* und kann nun eine Virtual-Reality-Brillentour durch Australien unternehmen. Das sind doch Riesenschritte! Und was uns jetzt sofort greisenhaft wirken lässt – und wir wollen ja schlau und sexy alt werden –, ist der Satz: »Ich muss das nicht mehr verstehen.« Natürlich muss man nicht alles verstehen, aber es ist doch interessant, was passiert.

Tipp 1: Gucken, was läuft!

Wenn ich weiß, dass eine bestimmte Aufführung gerade *der neue heiße Scheiß* ist, dann verstehe ich es als Teil meines Berufs, mir das anzuschauen, um zu wissen, was gerade State of the Art ist. Ich weiß, dass vieles, was heiß gekocht wird, nicht so heiß gegessen wird. Trotzdem gehe ich hin. Ich war neulich bei der ABBA-Show in London, um zu sehen, was die Computertechnik mittlerweile leisten kann. Gut, das war ABBA – das hätte ich mir sowieso angeschaut. Aber wenn ich zum Beispiel in Berlin ein modernes Stück an der Volksbühne besuche, weiß ich, dass es mir wahrscheinlichen nicht gefallen wird, weil die derzeit viel mit Collagen und Videoausschnitten arbeiten. Das ist gerade in Mode und nicht mein Geschmack – dennoch würde ich es mir angucken und zumindest interessant finden. Der Trick ist, dass man zur Pause geht, wenn man gar nichts damit anfangen kann. Denn morgen ist nicht Schule, ich werde nicht abgefragt – ich kann gehen. Keiner soll leiden für die Kunst! Aber auch, wenn ich konservatives Sprechtheater bevorzuge, würde ich deshalb nicht zu Hause bleiben und denken: »Die Achtzigerjahre waren so schön, als Peter Stein noch inszenierte.«

Ich finde: Man muss offenbleiben. Gerade zum Beispiel sind lauter nackte Frauen auf der Bühne die Theatersensation in Berlin. Warum ist das so? Ich freue mich, wenn ich dazu eine Einführung von jemandem bekomme, der sich auskennt. Das hilft. Schon deshalb: Kontakt halten mit Leuten, die sich auskennen! Die sind meistens jünger – und diesen Austausch finde ich befruchtend, dem darf man sich nicht verschließen. Ich gucke auch Trash-TV, *Love Island* zum Beispiel. Nach drei Staffeln komme ich allmählich dahinter, was mich triggert:

junge Männer mit großen Muskeln, die weinen. Das ist mein Trigger! Die sitzen da in ihrer Badebuxe, haben perfekte Körper, weinen und sagen: »Ich habe kein Abitur, und keiner liebt mich.« Das gucke ich gern. Wenn ich einen Therapeuten hätte, würde der mir vermutlich erklären, dass *Love Island* meine späte Rache an den Hetero-Jungs meiner Jugend sei, die ich nicht gekriegt hätte und jetzt leiden sähe. Dumm, erotisch, attraktiv und verletzt. Das gucke ich gern.

Viele meiner Hochkulturfreunde würden das im Leben nicht einschalten. Verstehe ich nicht. Ich halte es wie der Franzose, der sagt: »Einmal geht immer.« Man muss nicht drei Staffeln dabeibleiben, aber man sollte nicht so tun, als ob es das alles nicht gäbe. Wobei es auch beim Trash TV Grenzen gibt, die ich nicht überschreite. *Ex on the Beach* zum Beispiel kann man nicht gucken, denn da wird es ordinär und zynisch. *Love Island* ist ein bisschen die Operettenversion davon. Ich gucke auch beim *Bachelor* lustigerweise nicht die Variante, wo sich die Frauen vom Mann wählen lassen, die finde ich sexistisch. Wenn aber die Frau einen unter den Männern aussucht, die oft nicht die Hellsten sind, gucke ich das wieder ganz gern. Anscheinend habe ich einen feministischen Rache-Impuls, der Männer gern leiden sieht, die ein bisschen stino sind. Ich werde das bei der nächsten Staffel noch einmal genauer analysieren müssen …

Tipp 2: Vorsicht mit Schubladen!

Viele fragen sich: Wie halte ich meinen Kopf fit, und wie wirke ich nicht alt? Ganz wichtig finde ich: Man darf keine Schubladen schließen. Ein Freund von mir, der bald siebzig ist, kam mir kürzlich entgegen und sagte: »Das war jetzt meine letzte New-York-Reise.« Der war früher häufiger und immer sehr gern in New York und fand seine Reise nun nur noch mittelschön. Trotzdem nervt mich dieses Finale in seiner Aussage, denn ich finde: Du bist ja noch nicht tot. Was ist denn, wenn du morgen in einem Preisausschreiben fünf Nächte im Waldorf Astoria gewinnst? Sagst du dann »nö«?

Ich erlebe das oft schon bei Sechzigjährigen, dass sie Schubladen schließen. Auch bei der Partnersuche. Dann heißt es: »Ich finde ja eh keinen mehr.« Ich habe einen Freund, der hat seinen Partner mit Mitte fünfzig kennengelernt. Und es finden auch Leute noch über sechzig oder siebzig zusammen. Das gibt es alles, und davor sollte man sich nicht verschließen. Das Leben steckt voller Überraschungen – solange man selbst offenbleibt. Wenn alle Türen und Schubladen geschlossen sind, kommt natürlich nichts mehr rein. Dann sitzt man da mit den Leuten, die man immer kannte, redet über Sachen, über die man immer gesprochen hat, und isst, was man schon immer gekocht hat. Das ist doch grauenvoll! Ungefähr so, als würde man noch immer über die Erinnerungen an den Urlaub von vor zwanzig Jahren sprechen. Das ist schön, aber man könnte auch eine neue Reise unternehmen. Man könnte ein neues Ziel aussuchen oder mit anderen Leuten fahren.

Deshalb schmerzt es mich fast, wenn Leute mit sechzig sagen: »Ich bin halt so und ändere mich nicht mehr.« Das konnte man vielleicht 1910 sagen, weil man damals im Schnitt fünf Jahre später tot war. Oder so. Aber heute, wo wir alle auf die Achtzig hinarbeiten … Das sind noch zwanzig lange Jahre! Deshalb werde ich fast ein bisschen kiebig, wenn das passiert, und sage: »Leute, Leute! Man kann den Stand, den man erreicht hat, genießen. Aber man muss doch die Fenster auflassen für die neuen Sachen!« Man muss nicht auf jedes Thema aufspringen, und man muss auch nicht jeden Leitartikel dazu lesen. Ich bin wirklich interessiert an Pop und glaube, ich bekomme auch bei Billie Eilish die drei wichtigen Lieder auseinander, aber ich gebe auch zu, wo meine Grenzen sind. Rita Ora habe ich schon fünfmal mit der anderen verwechselt. Wie heißt die noch? Grammy-Gewinnerin, wunderschöne Frau … Dua Lipa! Für mich klingen die Namen sehr ähnlich: Rita Ora und Dua Lipa. Ich finde, das gibt beim Scrabble eine ähnliche Punktezahl. Und es ist nicht schlimm, das zu verwechseln.

Tipp 3: Haben Sie Verständnis!

Was für die Jugend heute der Influencer ist, war für uns das *Bravo*-Poster oder die Autogrammkarte. Bei vielen gleichaltrigen Bekannten erlebe ich, dass die das gar nicht mehr interessiert. Die finden alles doof und kennen auch niemanden. Aber wenn mir damals Leif Garrett, der sexy Skaterboy meiner Jugend, jeden Tag eine Postkarte des Inhalts geschickt hätte: »Lieber Thomas, ich bin gerade wieder am Strand. Grüße, dein Leif!« Dann hätte ich mich doch gefreut wie Bolle. Wenn Agnetha mir ihr Kuchenrezept abfotografiert und geschrieben hätte: »Heute wieder Geburtstagskuchen bei Agnetha.« Ich wäre im Dreieck gesprungen vor Glück! Diese scheinbare Nähe des Stars zu seinen Fans hätten wir uns doch sehnlichst gewünscht. Und das bedienen Influencer oder Stars auf Social

Media – die werden deine besten Freunde in deinem Kinderzimmer.

Das ist zwar zeitraubend, aber als Pop-Nerd habe ich damals in der *Bravo* und in den Fernsehsendungen, die es gab, gelebt. Und jeden Sonntag habe ich mir meine 200 Plätze Hitparade selbst vorgespielt. Meine Eltern haben sicher auch gedacht: »Oje, der Junge guckt Fernsehen von sechzehn Uhr, bis er ins Bett muss.« Die gleiche Zeit verbringen die Jugendlichen heute mit ihren Medien am Handy. Bei YouTube das Gleiche. Wenn ich mit fünfzehn oder sechzehn die Chance gehabt hätte, meine eigenen lustigen Fernsehpersiflagen oder Otto-Imitationen in eine Kamera zu sprechen und in die Welt hinauszuschicken, um jemanden zu finden, der das auch toll findet – das hätte ich doch gemacht! Stattdessen haben wir Kassetten aufgenommen, die wir anschließend unseren Freunden vorgespielt haben.

Heute hat man die Möglichkeit, viele Leute zu erreichen. Ich habe früher Briefe an die Hitparade geschrieben und mich gewundert, dass die Stars, die da auftreten, alle in derselben Wohnung wohnen, weil die eingeblendeten Adressen alle identisch waren. Ich habe geschrieben: »Liebe Ireen, ich finde dein Lied *Feuer* schön.« Auch das geht heute schneller und einfacher. Ich würde mir wünschen, dass man mit der Jugend in den Dialog geht und vergleicht, wie man selbst als Fan-Kind war – dabei wird man feststellen, dass man wahrscheinlich ebenfalls begeistert gewesen wäre von dem netten Mädchen, das Schminktipps gibt, die besser sind als die von der Freundin. Oder was hätte ich als schwuler Junge dafür gegeben, wenn andere schwule Jungs mit mir ihre Erfahrungen geteilt hätten. Leider gab es niemanden in meiner Reichweite, sodass ich irgendwann in schlechten Schwulen-Lokalen mit schlechter

Musik landete, um irgendwelche Leute kennenzulernen. Das muss heute keiner mehr. Es geht nicht darum zu bewerten, was besser oder schlechter ist. Es geht vor allem darum, nicht so zu tun, als hätten wir nichts Vergleichbares gehabt oder getan.

Tipp 4: Gehen Sie ins Gespräch!

Ich würde empfehlen: Jeder über sechzig sollte mal die zehn bedeutendsten Influencer im Internet nachgucken und dann damit angeben, dass er Pia Wurtzbach kennt. Mit diesem Wissen kann man bei Kindern oder Jugendlichen punkten, und dann staunen die: »Mensch, du kennst dich aus!« Ich finde, hier darf man im Alter ein bisschen bluffen. Aber Vorsicht: Beim Bluffen nie Fehler machen! Also: Nichts Falsches erzählen und nichts verwechseln! Nicht TikTok für Instagram halten – da muss man vorsichtig sein. Man darf auch nicht sagen: *dieses* TikTok. Spätestens mit dem Benutzen des Demonstrativpronomens oder auch schon des Artikels fliegt man definitiv auf. Und vor allem sollte man als älterer Mensch nicht so tun, als wäre man tief im Thema drin. Ohne Grund *TikTok* zu sagen oder »Freshtorge« in Diskussionen einzuführen, in denen es überhaupt nicht um Influencer geht, ist krass falsch. »Krass« zu sagen ist an sich schon falsch. Genauso wie man mit »mega« aufpassen muss. Wir fanden es als Jugendliche ebenfalls peinlich, wenn unsere Eltern irgendetwas »cool« oder »geil« fanden. Dann sind wir doch innerlich durchgedreht. Es lässt ältere Menschen nicht jünger wirken, wenn sie den Jugend-Slang übernehmen. Verzweifelte Jugendlichkeit ist grauenvoll. Das ist wie das jugendliche viel zu enge T-Shirt, das man nicht anziehen sollte. Und Vorsicht auch bei Emojis! Nichts ist nerviger als die sechzigjährige Mutti, die lauter Emojis benutzt, die alle nicht stimmen, weil sie den Unterschied zwischen dem Schäm-Emoji und dem Jubel-Emoji übersehen hat. Außerdem sollte man Interesse zeigen und sich erklären lassen, was man nicht versteht. Das mache ich mit meinen jugendlichen Freunden und Freundinnen auch. Wenn ich etwas nicht weiß, frage ich.

Und gerade zu den politischen Themen – es findet derzeit eine deutliche Repolitisierung der jungen Menschen statt – kann ich als Älterer etwas beisteuern, weil ich das aus den Siebzigern kenne. Ich erinnere mich, dass wir in meiner Studienzeit eine hochpolitische Phase hatten, in der sprachkritische Feministinnen regelmäßig Uni-Seminare stürmten. Damals ging es zum Beispiel um die Formulierung »Bürgerinnen und Bürger«. Früher wurden lediglich »die Bürger« erwähnt. Das zu ändern fanden die Alten damals total überflüssig. »Wieso soll ich denn jetzt ›Bürger und Bürgerinnen‹ sagen?« Das Gleiche bei den Doppelnamen. Das fanden 1976, als das neue Namensrecht bei Heirat beschlossen wurde, auch alle nervig. »Wieso heißt die Frau nicht mehr wie ihr Mann, sondern hat jetzt einen Doppelnamen?«

In *dem* Zeitalter bin ich aufgewachsen – und fand Teile davon gut, manches auch übertrieben. Genau wie heute. Damals habe ich mich in das New Wavetum verabschiedet, wie viele in meiner Generation, und beschlossen: »Jetzt ist genug diskutiert, jetzt gehen wir feiern!« Heute gehe ich gern ins Gespräch, weil ich weiß, dass es ohne diesen Aufstand damals heute keine schwule Ehe, keine Chefinnen, keine Doppelnamen und keine Diskussion über gleiche Bezahlung gäbe. Deshalb stören mich die Fragen nicht, die jetzt von den Zwanzigjährigen kommen. Warum haben wir die Welt zerstört? Warum zu wenig auf Rassismus geachtet? Das sind alles wichtige Fragen, bei denen es – wie immer – auf den Ton ankommt. Wenn es aber um einen Austausch geht, bin ich gern dabei.

Tipp 5: Junge Menschen ins Leben lassen!

Ein jüngerer Freund von mir liebt große Soulstimmen. Von den berühmten Souldiven ist Whitney Houston die erste, die er kennt – und damit hat er das Gefühl, sich schon ziemlich weit in die Vergangenheit gewagt zu haben. Patti LaBelle kennt er zum Beispiel nicht mehr. Die Amerikanerin ist knapp zwanzig Jahre vor Whitney geboren, lebt noch und gilt als eine der größten Soulgrößen aller Zeiten. Sie schafft sogar noch eine Oktave mehr als Whitney, die kann man also kennen. Und dann machen wir gemeinsam ein bisschen YouTubing und schauen: Wo kommt das her? Und plötzlich entdeckt man, dass die Beyoncé-Choreographie von *Single Ladies* aus den 60ern von Bob Fosse inspiriert wurde. Danach haben alle noch mehr auf ihrem Kulturkalender, und man kann sich gegenseitig ein paar Bubbles eröffnen. Das ist doch herrlich!

Falls Sie dem zustimmen und sich nun fragen, wie Sie die jungen Menschen für Ihre neuen Bubbles finden sollen: am besten in Ihrem natürlichen Lebensraum. Das ist einfacher, als wenn man bei *Pimkie* hinter einer Säule wartet und die Leute anspringt. Auch in Klubs ist das nicht so leicht, weil die meisten zum Tanzen und Ausgehen kommen. Ich würde empfehlen, über gemeinsame Interessen in Beruf oder Hobby anzudocken. Allerdings sollten Sie gezielt jüngere Menschen ansprechen und nicht darauf warten, dass die zu Ihnen kommen, weil Sie schon länger dabei sind. Viele der Jüngeren würden nicht von sich aus auf Sechzigjährige zugehen, um mit denen ein Bier zu trinken. Nicht, weil sie nicht interessiert wären, sondern weil sie es unhöflich fänden, die anzuhauen – egal, wie flott und fluffig sie sind.

Die Einladung, das ist wie mit dem »Du« früher, muss immer top down kommen. DU musst aktiv auf die Jüngeren zugehen und sagen: »Ich wittere ein gemeinsames Thema, wir könnten uns doch mal treffen! Ich spiele dir Patty LaBelle vor, und du erzählst mir, was Rita Ora draufhat.« Einen Teil dieses Inputs bekommt man möglicherweise geschenkt, wenn man Kinder hat. Da werden die Themen immer mitgeliefert, allerdings auf dem Schlachtfeld der Liebe – und das ist etwas anderes, als wenn ich bei der Arbeit jemanden kennenlerne. Meine Freundin Olivia war zum Beispiel meine Regieassistentin, und ich habe schnell gemerkt, wie fit, hell und schlau sie ist. Aber wäre ich nicht auf sie zugegangen und hätte sie zum Bier eingeladen, hätte sie sich nie getraut, den Regisseur einzuladen. Schon allein deshalb nicht, weil sie nicht den Anschein hätte erwecken wollen, das wegen ihrer Karriere zu tun. Und nun freuen wir uns über viele gemeinsame Themen, obwohl sie dreißig Jahre jünger ist als ich. Man muss die Augen aufhalten nach den gleichaltrigen Seelen – so nenne ich das mal –, weil ich bei Olivia finde, dass wir gar nicht so weit auseinanderliegen, wenn wir uns unterhalten. Ich glaube, es gibt tatsächlich Zwanzigjährige, die haben eine Persönlichkeit wie andere mit vierzig. Und ich kenne Vierzigjährige, die benehmen sich wie zwölf. Also: Das biologische Alter ist immer nur ein Teil der Wahrheit. Daher keine Angst, junge Menschen ins Leben zu lassen. Letztlich entscheidet immer die Chemie ...

Team Thomas: Freundin Olivia Schaaf

Meine Theorie ist, dass man mit jüngeren Leuten Kontakt haben muss, um nicht zu verblöden und zu veralten. Olivia Schaaf ist ein junger Mensch, den ich immer frage, wenn ich etwas nicht verstehe – zum Beispiel im Bereich Social Media oder bei anderen digitalen Dingen. Olivia studiert Theater und Regie und schreibt gerade ihre Doktorarbeit in England. Sie war Regieassistentin bei meiner Boyband-Revue *Boybands forever* – und wir mochten uns sofort und sind seitdem befreundet. Sie ist ein junger Mensch, der mir junge Dinge erklären kann. Und ich bin ihr Mentor im Bereich Theater und Musical.

Ist es für dich eigentlich in Ordnung, wenn ich dich als moderne Welt-Erklärerin heranziehe? Oder denkst du: Der soll das mal selbst nachlesen?

Nein, ich finde das vollkommen in Ordnung. Allerdings komme ich manchmal ins Straucheln wegen der Verantwortung, alles richtig zu beantworten – wenn ich mir mal nicht sicher bin. Wir Jungen schleppen das Impostor-Syndrom ja sowieso immer mit uns herum – dieses sogenannte Hochstapler-Syndrom. Ständig zweifeln wir: Weiß ich das überhaupt alles? Andererseits möchte ich eine gute Antwort liefern. Schließlich habe ich generational *responsibility*, also eine generationsbedingte Verantwortung. Aber je besser man sich kennt, desto eher gibt man zu: Das weiß ich jetzt auch nicht.

Was ich bei meinen Altersgenossen hasse, das ist, wenn sie sagen:»Die jungen Leute ...« Wenn ich mich mit dir unterhalte, habe ich das Gefühl, die Jüngeren sind viel vielfältiger und viel individueller, als die Älteren es gern in den Zeitungen schreiben.

Das ist dieses journalistische Framing, das vieles simplifiziert. Das hat dann aber auch diesen Effekt: Wenn die jungen Leute immer »die jungen Leute« genannt werden, sprechen sie irgendwann von »den alten Leuten«.

Ich hatte eigentlich gehofft, dass man diese Trennung irgendwann überwinden würde. Stattdessen schimpft meine Generation ständig über die Internetsucht oder die übertriebene Work-Life-Balance der Jüngeren. Bei uns damals war es immer die Fernsehsucht ...

Es muss aufhören, alle in Boxen zu stecken! Ich bin zum Beispiel Millenial. Das ist meine Box. Und wenn ich das google, lese ich, dass wir eigentlich alles töten würden: Wir töten die Golf-Industrie, den Hausbau-Markt, die Bausparverträge. Als wären wir krasse Täter. Dabei können wir es uns einfach nicht leisten, ein Haus zu bauen oder Golf zu spielen. Dann wird uns gesagt, dass wir aufhören sollten, uns Avocado-Toasts und Starbucks-Kaffee zu kaufen, damit wir uns irgendwann ein Haus bauen können ...

Anstatt den anderen ständig zu kritisieren, sollte man lieber schauen: Was ist eigentlich ähnlich?

Wir beide teilen zum Beispiel generationsübergreifende Interessen. Eine große gemeinsame Leidenschaft ist das Musical. Darauf sollte man den Fokus legen: Wo sind die Berührungspunkte? Wo finden sich Gemeinsamkeiten? Gerade, wenn man sich dabei ertappt, dass man manchmal dieses Generationsdenken hat …

Genau! Der ältere Mensch sollte den jüngeren fragen: Wie macht ihr das jetzt? Und gleichzeitig weiß man mit sechzig eben auch Dinge, die man weitergeben kann und möchte.

Aber bei diesem Austausch ist die Form sehr wichtig! Mein subjektives Empfinden ist, dass du mir nichts aufstülpen möchtest, sondern einfach komplett offen bist, deine Erfahrungen an mich weiterzugeben, ohne mir vorzuschreiben: »Mach das so, dann vermeidest du Fehler!«

Das ist der Unterschied zwischen einem guten Mentor und schlechten Eltern. Es sollte nicht so sein: Ich weiß, wie es geht. Nun mache es so! Beim guten Mentoring sollte der andere durch das angezapfte Wissen zur Blüte kommen.

Dann ist das eine Situation, von der beide Seiten profitieren – und die hilft, dieses Generationsdenken fallenzulassen.

Wir haben also ein sehr gutes Rezept gefunden: ein Drittel Mentoring in beide Richtungen, ein Drittel unnütze Anekdoten, ein Drittel Klatsch.

Dazu noch das gemeinsame Fiebern für eine Sache, die das Generationsdenken aufhebelt. Und ein bisschen aufpassen mit den Begriffen »alte und junge Leute«.

Genau: Denn das eine war man eben noch. Und das andere möchte man nicht sein.

6. Kapitel: Ausgehen

Eigentlich müsste die Überschrift lauten: Man muss sich zum Ausgehen zwingen! Und zwar alle! Auch die Leute, die meinen, ab sechzig müsste man abends gemütlich zu Hause bleiben, weil es in den Bars zu anstrengend und die Musik zu laut ist und man die vielen Leute dort ohnehin nicht kennt. Vor allem, wer nicht daten will, weil er in einer Beziehung steckt, hält Ausgehen für einen unnötigen Kraftaufwand. Also: Warum sollte ich das trotzdem machen? Weil es für das Immunsystem und die gesamte Lebensfreude sehr, sehr wichtig ist, mindestens einmal im Monat auszugehen! Und das heißt für mich immer: nach 24 Uhr! Also nicht dieses Sitzen in Restaurants, Theatern oder Kinos – das ist die Primetime-Ebene, das machen hoffentlich sowieso alle. Danach ist man meist bis Mitternacht zu Hause und geht schlafen. Das wirkliche Ausgehen – gerade in Berlin, wo ich wohne – fängt um null Uhr erst an. Wenn du früher in eine Bar gehst, ist da außer der Barmannschaft und dir noch keiner.

Und weil ich weiß, dass dieses späte Ausgehen ab sechzig wirklich anstrengend ist, muss man sich innerlich darauf vorbereiten. Auch darauf, dass diese Anstrengung mit zunehmendem Alter noch zunehmen wird ... Trotzdem lohnt es, sich aufzuraf-

fen und sich eine Nacht lang zu benehmen wie ein Achtzehn-
jähriger oder eine Achtzehnjährige. Man ist nun alt genug, die
Eltern können es einem nicht mehr verbieten, man weiß, wie
man ein Taxi ruft, hat also diese ganzen Restriktionen der Jugend nicht mehr, dafür die Erfahrung aus den Dreißigern und
Vierzigern, wo man das quasi jedes Wochenende gemacht hat.
Oder in meinem Fall: noch öfter. Ich glaube, ich habe meine
gesamte Zeit von dreißig bis vierzig auf der Reeperbahn verbracht, wo wir wirklich jeden Abend weggegangen sind und das
vollkommen normal fanden. Nicht immer bis vier, aber sicher
bis in den neuen Tag.

Auch in Köln bin ich gern und viel unterwegs gewesen –
das ist ja ein bisschen das Bootcamp fürs Ausgehen. Vor allem
während des Karnevals. (Wahrscheinlich liegt mir das im Blut,
weil in meiner Familie alle Karnevalisten sind.) Auf jeden Fall
habe ich in dieser Zeit gelernt, dass Ausgehen für die Psyche
wichtig ist, weil man fremde Leute trifft und die Stimmung
gehoben werden kann – allein durch die Musik und die freundlichen Gesichter. Gerade beim Karneval finde ich es irre, dass
man in einen Raum kommt, in dem ausschließlich lächelnde
Menschen feiern. Das ist für Deutschland vollkommen un-
gewöhnlich. Und dieses karnevalistische Geschunkel geht in
jedem Alter, weil man sich einfach einhaken und mitmachen
kann. Ich finde, das ist ein sehr, sehr schöner Zustand, den
ich gerade in der dunklen Jahreszeit jedes Mal als völlig positiv und uplifting erlebt habe. Nach jedem Karneval fühlte ich
mich hochgeschunkelt. Und weil ich auf dieses Gefühl nicht
verzichten möchte, versuche ich, das auch an einem Freitag in
Berlin herzustellen – was in einer so coolen Stadt natürlich viel
schwieriger ist. Aber als Rheinländer empfinde ich es fast als

meine Pflicht und Lebensaufgabe, auch den Berlinern, die alle cool sein wollen, ein freudiges Lächeln ins Gesicht zu schunkeln. Schon allein deshalb wird das Ausgehen eisenhart durchgezogen. Wenn ich mich erst einmal aufgerafft habe …

Mittlerweile muss ich mein Ausgehen wahnsinnig genau planen, damit es tatsächlich eintritt. Also: Ich muss den Tag festlegen und Ausgeh-Freunde haben, die alles mitbringen, was gutes Ausgehen ausmacht: die kommunikativ sind, Energie haben und nicht müde werden. Sie dürfen auf keinen Fall **vor dir** müde werden! Die müssen unbedingt **nach dir** müde werden! Das ist ganz, ganz wichtig! Weil es dir nicht hilft, wenn du um drei allmählich schwächelst und deine Begleitung schon in der Ecke schnarcht – dann geht man garantiert nach Hause. Man braucht einen Party-Motor. Das sind Menschen, die nicht unbedingt jünger sein müssen als man selbst, die können auch gleichalt sein. Aber es müssen Nachteulen und Nachtmenschen sein, die das quasi im Blut haben. Mit denen muss man sich verabreden und – und das ist neu: Man muss die Tage danach freiräumen! Bei mir fordert ein solcher Ausgeh-Abend mittlerweile drei Tage Ruhe. Minimum! Mein Kater dauert genauso lang wie mein Jetlag. Früher war ich nach einem Ausgeh-Abend einen Tag verkatert, dann war es wieder weg, und man konnte am nächsten Abend erneut losziehen.

Das hat sich ab sechzig leider erledigt. Das heißt, ich muss mir mindestens die nächsten drei Tage freihalten – außer der Fernbedienung und einem vollen Kühlschrank brauche ich dann gar nichts, nur Ruhe. Darauf muss man auch seinen Partner oder seine Partnerin vorbereiten, damit der oder die sich darauf einstellen kann, dass man in der Regenerationsphase nicht ansprechbar ist. Ich weiß, dass es Leute gibt, die keinen

Kater haben – genau wie es Leute gibt, die keinen Jetlag haben. Die hasse ich! Das finde ich ganz, ganz unsympathisch. Denn ich weiß, dass ich nicht dazugehöre. Und das macht das mit dem Aufraffen nicht unbedingt leichter.

22 Uhr: Steh endlich auf!

Jeder Ausgeh-Abend beginnt mit diesem Moment: Es ist etwa 22 Uhr, du sitzt auf dem weichen Sofa, hast eine schöne Netflix-Serie vor dir, alles ist richtig gemütlich, und dein ganzer Körper sagt: Eigentlich musst du jetzt sitzen bleiben und solltest auf gar keinen Fall das Sofa verlassen! Draußen ist es entweder zu kalt, zu heiß, zu dunkel, zu laut, alles draußen ist eigentlich doof. Nur bei dir in der Wohnung ist es richtig schön. Es meldet sich dein innerer Sofahocker, der folgende Diskussion startet: »Warum solltest du diesem Sofa jetzt den Rücken kehren? Was suchst du da draußen? Da sind Leute, die du nicht kennst. Und deine Partyfreunde, die kennst du so gut, die könnten auch vorbeikommen und mit dir auf dem Sofa eine Flasche Wein trinken, ehe du gemütlich ins Bett sinkst. Das wäre doch ein guter Kompromissvorschlag!« Dein innerer Rheinländer wird nun unruhig: »Nein, wir werden uns dazu zwingen, weil Ausgehen zu unserem Leben gehört und bestimmte Sachen nicht auf dem Sofa, sondern nur beim Ausgehen passieren können. Denn im Endeffekt geht es doch vor allem darum, fremde Energien in dein Leben zu lassen, sich mit Leuten zu unterhalten, mit denen du normalerweise nichts zu tun hast, Blödsinn zu reden und Unsinn zu machen – die ganze Nacht. Das kannst du nicht auf dem Sofa! Du kannst es auch nicht, wenn du eine Platte auflegst und in deiner Wohnung tanzt.« Diese innere Diskussion dauert bestimmt eine halbe Stunde. Unglücklicherweise laufen ausgerechnet an den Ausgeh-Abenden immer ganz besonders spannende Folgen deiner Serie. Die Heldin droht gerade alles zu verlieren – warum solltest du jetzt den Fernseher ausschalten?

Gleichzeitig wissen meine Freunde das und schicken spätestens ab 22.30 Uhr Nachrichten wie: »Na, kommst du in die Gänge? Wie sieht es denn aus? Sind die Haare schon fertig?« Sie kennen meine zögernde Übergangsphase. Spätestens in diesem Moment befehle ich mir und meinem Körper, endlich aufzustehen und die Dusche zu betreten, um mich parat zu machen. Manchmal geht auch Wolfgang mit, was es mit dem Aufraffen einfacher, die Sache aber generell etwas komplizierter macht. Wenn man als Ehepaar ausgeht, guckt man ständig, ob es dem anderen auch gefällt. Und jeder hat seinen eigenen Musikgeschmack. Später will der eine gehen, der andere bleiben. Außerdem hat Wolfgang einige meiner Ausgeh-Geschichten schon achtzigmal gehört und will die lustige Geschichte mit Mariah Carey, die sich ihr Sofa zum Probesitzen in die Kabine tragen ließ, damit sie sich nicht auf den Weg ins Studio machen musste, nicht noch einmal hören …

22:50 Uhr: Die Wahl des richtigen Outfits

Ausgeh-Outfits über sechzig sind eine Herausforderung. Du musst etwas anziehen, was dreckig und verschwitzt werden kann. Es darf nicht zu fein, aber auch nicht zu jugendlich sein.

Sich ins zu enge T-Shirt zu zwängen, weil man meint, es solle irgendwie glitzern, ist auch verkehrt. Schwarz ist natürlich immer gut in Berlin und dazu Schuhe, die bequem und cool sind – und in denen man gut tanzen kann. Also: jugendlich, aber nicht zu jugendlich. Praktisch, aber nicht zu praktisch. Und nichts Teures! Sonst schüttet dir jemand ein Glas drüber – und der Abend ist erst mal verdorben. Das darf auf keinen Fall passieren! Die Olympiade des Ausgehens ist auch hier wieder der Karneval: Da hatte ich immer Sachen an, die ich im Grunde nachher wegschmeißen konnte. So schlimm ist es in Berlin zwar nicht, aber die Richtung stimmt. Ich habe vier, fünf Ausgeh-Outfits, zwischen denen ich dann wähle. Und wenn ich alles parat habe, verlasse ich die Wohnung, und dann geht es los.

23 Uhr: Es wird besser!

Ja, ich weiß: Man kann auch ohne Alkohol Spaß haben. Aber mal ehrlich: nicht sooo viel Spaß. Bitte nicht falsch verstehen! Ich möchte nicht zum Alkoholismus aufrufen, aber ich denke, wir haben alle Abende versucht, an denen wir um eins mit einer Apfelsaftschorle in der Kneipe standen. Das funktioniert nicht! Beim Ausgehen brauchst du irgendeine Art von Beschleuniger, damit du in die Gänge kommst. Weil es nämlich passieren kann, dass du in der ersten Bar noch immer denkst: »Dieses Sofa …« Oder: »So schön ist die Musik hier auch nicht.« Oder: »So spannend sind die Leute hier nicht.« Oder: »So interessant ist das Gespräch, das wir gerade führen, nicht.« Das heißt, es gibt diese Rückrufphase, in der das Sofa um dich wirbt: »Warum hast du mich verlassen? Was war das denn für eine doofe Idee! Komm zurück zu mir!« Wie eine Ex-Beziehung. Um diese Phase zu überwinden, ist der Trick Alkohol. Das ist auch kein unbekannter Trick. Aber ein Glas Sekt ist schon das Minimum, um diesem Lockruf des Sofas zu widerstehen. Denn jeder weiß: Die beste Ausgeh-Uhrzeit ist drei bis vier! Da musst du landen! Was dabei – neben dem Alkohol – hilft, sind schnelle Kneipenwechsel. Also: Hoppen, nicht stoppen! Reingehen, gucken, was trinken. Ist es schön? Dann bleibt man. Ist es nicht so schön, fährt man in die nächste Kneipe. Ich glaube, genau dafür ist das Taxi erfunden worden – um zwischen den Locations zu springen. Das ist in Berlin natürlich einfacher als beispielsweise in Paderborn, wo klar ist: »Wir haben drei Kneipen, jetzt sind wir in der dritten, die müssen wir schön finden.« Wer die Möglichkeit hat, sollte jedoch nicht zu viel Energie in eine mittelinteressante Situation verschwenden, sondern lieber etwas Bunteres, Spannenderes um die Ecke ansteuern. Das kann auch variieren. Musikalisch sowieso. Du kannst von der eleganten Bar in eine nicht elegante Bar wechseln. Hotelbars sind oft ein guter Tipp, weil die es gewohnt sind, dass man nur mal eben durchzieht. Hauptsache: Beweglich bleiben! Zumindest bei den Locations, nicht bei den Getränken!

Bei Getränken ist es genau anders herum als bei den Kneipen – da sollte man nicht mischen, sondern besser bei einer Sache bleiben. Vor allem sollte man niemals Schnäpse trinken! Bei mir ist es oft so, dass die Wirte so tun, als würden sie sich freuen, mich zu sehen, um dann mit irgendwelchen Schnäpsen auf mich zuzukommen, die keine Namen haben, selbstgemischt und selbstgebraut sind. Gern mit dem Satz: »Das sind ja nur Vitamine!« Wenn man genauer nachfragt, ist es irgendetwas

Grauenhaftes wie Kirschlikör mit Gin. Das muss man auf jeden Fall vermeiden! Da schütte ich schon mal einen Schnaps in die Pflanze, wenn die in der Nähe steht. Oder ich fülle ihn in ein anderes Glas. Das darf man nicht trinken! Sonst wird aus den geplanten drei Tagen Regeneration eine Woche, in der man gar nichts arbeiten und kaum normal leben kann. Also keine Schnäpse! Am besten wird mein Abend mit einem Crémant oder etwas Ähnlichem. Das ist mein liebstes Ausgeh-Getränk! Das Problem ist nur, wenn du die Kneipen wechselst, wechseln meist auch die Marken. Deshalb habe ich schon überlegt, eine Kühltasche mitzunehmen, in der ich meine Flasche, die ich trinken will, dabeihabe. Ich wäre sogar bereit, dafür eine Art Pfandgeld an der Bar abzugeben, damit der Wirt trotzdem etwas verdient. Vielleicht mache ich das in der Zukunft auch so, aber bis dahin gilt wohl: Mit dem Niveau der Kneipen wechselt auch das Niveau der Getränke. Trotzdem: Wenn man mit Bier startet, sollte man bei Bier bleiben. Wobei ich mit Bier allein nicht bis sechs Uhr durchhalte. Meistens wird es dann doch eine Mischung – und die sieht ungefähr so aus: Ich nehme eine Weißweinschorle, weil ich denke: »Der Weißwein ist nicht trinkbar, ich schorliere besser.« Dann schlage ich den Schnaps aus, stelle kurz auf Bier um – was schon mit dem Wein nicht gutgeht. Danach trinke ich einen Wodka, um dem Bier mehr Schwung zu verleihen. Es ist eine Kunst, durch so einen Abend einigermaßen heil durchzukommen …

0 Uhr: Die Kennenlernphase

Allmählich macht der Abend Spaß. Wenn du durch die Stadt düst und siehst, was alles im Angebot ist, finde ich es wirklich spaßig. Aber der Gang vom Sofa muss ja auch belohnt werden durch möglichst viele Eindrücke in möglichst kurzer Zeit. Und dazu gehört eben auch: Leute anreden, die man nicht kennt. Auch da spüre ich im höheren Alter die Tendenz zu sagen: »Entweder rede ich nur mit meinen Freunden oder ich lasse mich ansprechen.« Weil ich das Gefühl habe, ich sei doch eine ältere, erfahrene, interessante Person. Aber das funktioniert nicht. Die Jüngeren fragen sich nämlich vor allem: »Wieso geht der überhaupt noch aus?« Nun ist es für mich durch meine Prominenz leichter, ins Gespräch zu kommen, weil die Leute denken, ich hätte etwas Interessantes zu erzählen. Oder sie fanden mich immer schon doof und meinen, das könnten sie mir nun ruhig mal um die Ohren hauen. Diese typische Berliner Ehrlichkeit um halb drei … Aber auch das kann belebend sein, wenn man in die Diskussion geht und fragt: »Was gefällt dir denn nicht? Und wen findest du super?« Dann sagen die: »Die Olivia Jones ist viel lustiger als du.« Darüber kann man ein bisschen debattieren – und wenn sie unhöflich werden, geht man weiter. Aber es kommt auch viel Lob. Wahrscheinlich ist es für mich grundsätzlich einfacher, in Kontakt zu treten. Allerdings glaube ich, dass es für jeden möglich ist, der es schafft, auf die Leute zuzugehen und vielleicht ein Kompliment zu machen, indem man zum Beispiel sagt: »Mensch, Sie haben aber eine schöne Haarfarbe.« Oder man fragt: »Wer ist die Pop-Gruppe auf Ihrem T-Shirt?« Und schon ist man in einem leichten Talk.

Was es zu vermeiden gilt, das ist, an der Bar zu stehen und darauf zu warten, dass irgendetwas passiert. Es wird nichts passieren, wenn man es nicht selbst passieren lässt. Deshalb: Ran an die Leute! Und ran an die Geschichten! Schließlich geht es darum, im hohen Alter unbekanntes Terrain zu betreten: mit Leuten reden, die einen anderen Beruf ausüben, die nicht aus unserer Welt sind und an andere Dinge glauben. Einfach mal hören, was die umtreibt. Dabei vermeiden wir unbedingt den Deep Talk: »Es ist alles schrecklich! Der Krieg kommt, die hohe Gasrechnung, und wir werden alle sterben!« We keep it light.

1 Uhr: Keine Angst vorm Barhocker!

Leider kann ich mittlerweile nicht mehr so lange am Stück stehen, was bedeutet, dass ich spätestens um ein Uhr allmählich einen Barhocker finden muss – sonst werde ich müde. Auf keinen Fall darf man jetzt in den tiefen Sessel ausweichen, weil man darin vermutlich sofort einschlafen würde. Besser ist ein aktiver Sitz, von dem aus man gut kommunizieren kann. Auch das ist neu beim Weggehen mit sechzig … Das allerbeste Mittel, um wachzubleiben, ist zudem, mit der Musik im Raum Kontakt aufzunehmen. Oder man beschwatzt den Menschen, der auflegt oder seine Playlist abspielt, das Lied zu spielen, das man sich wünscht. Ich finde es großartig, im Lokal die Musik zu bestimmen! Ich bin ein leidenschaftlicher Hobby-DJ, und sobald ich Zugriff aufs Musikarchiv habe, eröffnet sich sofort ein riesiges Portfolio von Diskussionsthemen, wenn ich zum

Beispiel gefragt werde: »Was ist das?« Oder: »Warum hören wir jetzt Amanda Lear?« Dann muss ich über Amanda Lear sprechen und den Leuten erklären, wer die war, was sie tut und warum das alles super ist. Dazu muss man aber den Barmann oder die Barfrau ein bisschen charmieren, damit die einen das auch machen lassen. Das ist ein wenig so, als würde ich heimlich versuchen, die Kneipe zu übernehmen, indem ich die Musik aussuche und in meinem direkten Umfeld die Themen setze. Meist starte ich mit meinem Klassiker: »Was sind Sie eigentlich für ein Sternzeichen?« Auch darüber habe ich ein ganzes Buch geschrieben, weil das eines meiner liebsten Spiele ist. Also von ein bis zwei Uhr spiele ich eigentlich nur Sternzeichen und Aszendenten-Besprechen. »Ach so, Sie kennen Ihren Aszendenten nicht? Rufen Sie mal Ihre Mutter an!« – »Was? Jetzt?« – »Na, jetzt kann man sie doch noch wecken!« Das ist ein großer Spaß und funktioniert fast immer – sogar quer durch alle Alters- und Gesellschaftsschichten! Sternzeichen sind wirklich das netteste Thema für eine Bar-Konversation, da es nicht um die wahre Lehre, sondern um den Spaß und das Spielerische daran geht. Außerdem kann jeder was beisteuern.

Jetzt sind wir schon mindestens zwei Kneipen weiter, und allmählich sollte man den Tanzboden erobern.

2 Uhr: Rauf auf die Tanzfläche!

Auch das Tanzen fällt ab sechzig nicht unbedingt leichter, weil man zuerst ein Warm-up braucht, damit die Gelenke nicht knacken und man geschmeidig mitschubbern kann. Wenn es ein sehr schneller Beat ist, bin ich raus. Aber selbst meine geliebte Disco-Musik ist mir manchmal schon vom Beat zu schnell. Da kann ich noch ein, zwei Lieder tanzen, dann muss ich mich wieder setzen. Das ist wieder einmal mehr Grund zur Schande. Natürlich konnte man früher locker eine Stunde durchtanzen – und leider geht das inzwischen nicht mehr. Aber man muss es üben und ab und zu tun, sonst verlernt man es ganz.

Welche Musik ich neuerdings für mich entdeckt habe – und da treffe ich mich Gott sein Dank (!) wieder mit dem Zeitgeschmack – ist Reggaeton. Das ist ein ganz angenehmer Schubb-Schubb-Mittel-Beat, der momentan extrem angesagt ist. Das ist nicht langsam, aber auch nicht so schnell wie Disco und Techno, sodass ich locker eine Stunde dazu wippen kann. (Das weiß ich genau, weil ich es in meinem letzten Mexiko-Urlaub gemacht habe.) Wippen ist die Hoffnung auf dem Tanzboden ab sechzig! Und Wippen geht zu dieser Reggaeton-Musik. Selbst die Jungen machen entspannt Schupp-Schupp – und als älterer Mensch kommt man gut mit. Da ist man dabei.

3 Uhr: Jetzt wird positive Energie geerntet!

Flirten ist ein Teil des Lebensgefühls. Warum also sollte man sich das mit über sechzig abgewöhnen? Ich finde, flirten ist eine sehr schöne Energie. Danach kann man jederzeit gehen, und damit ist es gegessen. Das gehört dann zu diesem Abend und bleibt in der Bar. Aber viele Gleichaltrige glauben, dass sie, wenn schon nicht zu alt zum Tanzen, dann aber auf jeden Fall zu alt zum Flirten sind. Da werde ich sofort ein bisschen borstig

144

und skeptisch und frage mich, warum man nun schon wieder hundert Gründe finden muss, um nicht auszugehen und wie früher Spaß zu haben. Sollen wir lieber beim Dinner immer in denselben Restaurants sitzen und uns dieselben Geschichten erzählen?

Nein, nein, nein! Ein bisschen frischer Wind von Leuten, die man nicht kennt, ist gut für die Seele. Das ist wie Fitness der anderen Art. Ich plädiere sehr dafür, dass man das niemals aufgibt und dass es immer ein Teil des Lebens bleibt. Ich habe sogar schon Leute gesehen, die das mit achtzig noch hingekriegt haben. Als ich bei einer Modenschau in München gearbeitet habe, tauchte regelmäßig Fritz Arnold auf, ein bekannter Lektor eines Münchner Verlages. Der ist mit achtzig noch ausgegangen und hatte dabei immer schicke Anzüge an – das war supercharmant. Ich weiß nicht mehr, ob der bis sechs durchgehalten hat, aber er war jeden Abend präsent. Im New Yorker *Studio 54* gab es diese berühmte Disco-Oma auf Rollschuhen, die war, glaube ich, Mitte siebzig und hat jeden Abend mit Rollschuhen auf der Tanzfläche Gas gegeben …

Ich habe mich immer gefreut und freue mich noch immer, wenn ich ältere Leute im Nachtleben entdecke. Ich empfinde das als sehr positive Aussicht. Auch deshalb mag ich es nicht, wenn Kneipen oder Nachtleben zu bubblehaft sind: alles eine Altersgruppe, ein Kleidungsstil, ein Musikstil. Das finde ich langweilig. Viel schöner und bunter wird es doch, wenn da von achtzehn bis achtzig alle zusammen feiern. Also: Ich verstehe die Einwände meiner Altersgenossen, aber ich akzeptiere sie nicht! Dazu macht Ausgehen zu viel Spaß – auch wenn wir um drei Uhr noch immer nicht in der Belohnungsphase angekommen sind, sondern weiterhin in der Leistungsphase stecken.

Ich fasse kurz zusammen: Wir haben uns aufgerafft, mindestens drei Getränke getrunken, Leute beschwatzt, die Musik gedreht und waren auf dem Tanzboden.

4 Uhr: Wir reden mal übers Leben ...

Jetzt kommt allmählich der Pay-off-Teil des Ausgeh-Abends. Man hat neue Leute kennengelernt, ist mindestens im vierten Lokal und darf sich jetzt auch mal setzen und über was Wichtiges reden. Also übers Leben und darüber, was jeder sich vorstellt. Dabei kann man den Leuten gern etwas aus dem Erfahrungstopf, den man hat, erzählen. Aber Obacht! Jetzt kommt nicht »Opa erzählt vom Krieg«. Nur auf Nachfrage! Und nur bei echtem und eindeutigem Interesse! Das ist ein Moment, den ich wirklich sehr liebe, da man viel erlebt und hoffentlich ein paar Sachen gelernt hat – das kann man dann so ein bisschen an die anderen weitergeben. Man vergleicht ein bisschen, man resümiert ein bisschen übers Leben. Das finde ich von vier bis fünf wirklich super!

5 Uhr: Nicht nach draußen gehen, es ist schon hell!

Ab jetzt braucht man schon wieder neue Sensationen, um wach zu bleiben. Da muss jemand auf eine Bühne gehen, oder es kommt noch die Karaoke-Bar, oder Gogos steigen auf die Kisten. Das heißt: Es muss etwas von außen passieren, weil es sonst allmählich wirklich sehr, sehr spät ist. In diesem Zustand darf man auf keinen Fall vor die Tür gucken! Denn es wird langsam hell, ein weiteres Signal an den Körper, über das Ende dieser Nacht nachzudenken. Deshalb: Drinnen bleiben! Nicht rausgucken!

6 Uhr: Check-up mit den eigenen Kräften machen: Kann ich wirklich noch?

Okay, nun darf doch mal übers Nachhausegehen nachgedacht werden. Es ist 6 Uhr oder 6:30 – und dann ist es auch in Berlin mal gut. Wir wollen schließlich nicht, dass jemand umfällt auf dem Tanzboden. Auch hier muss man seine Gesundheit im Blick behalten!

Natürlich gibt es Leute, die jetzt noch frühstücken gehen. Aber das kann ich nicht mehr – und eigentlich war das noch nie mein Ding, um sieben Uhr nach einer Ausgeh-Nacht Kaffee zu trinken. Zumal mein freundlicher Ehemann weiß, dass ich nach Hause zurückkehre, und sich freut, wenn ich wieder durch die Tür komme – auch wenn er mich jetzt auf jeden Fall zwei Tage friedlich rekonvaleszieren lassen muss. Aber daran denke ich erst einmal gar nicht. Vorerst schwebe ich auf einem energetischen Hoch in einem Taxi nach Hause und denke mir: »Na, guck mal, das war doch super. Und so schlimm werden die nächsten Tage schon nicht werden.« Bis man gegen Mittag aufwacht und das Alter mit voller Wucht zuschlägt, und man genau spürt, was man den Abend lang getrunken hat. Wenn dann das Telefon klingelt, erinnern einen garantiert die Freunde an die Peinlichkeiten des Abends, dass man irgendwem wieder irgendwas vom Pferd erzählt habe – aber auch das gehört dazu, finde ich. Und der andere hat sich ja nicht gewehrt.

Mein inneres Kind

Genau dafür lebe ich in einer Großstadt: Weil Ausgehen gut für die Seele ist, gut für meinen Kreislauf, ich glaube, es ist eine andere Art von Kur und mentaler Fitness. Trotzdem wollen viele Freunde von mir das nicht mehr machen, und ich bin die Nerv-Kuh, die immer quengelt: »Warum denn nicht?«

So ein Ausgeh-Abend setzt ganz besondere Säfte frei und verbindet einen mit der Zeit, in der man anfing auszugehen und alles neu war. Man fühlt sich innerlich jung, weil man sich jung benimmt. (Auch da wieder: Aufpassen! Nicht verkrampft jung!) Ich gehöre ohnehin zu den Menschen, die sich so richtig begeistern können – für eine gute Deko, eine tolle DJane, eine schöne Show. Ich finde es großartig, wenn ein Lokal glitzert, weil man sich dort anstrengt und der Kunde etwas geboten bekommt. Warum sollte ich das nicht nutzen? Ich kann es wirklich jedem empfehlen! Und wer schon einmal in einem Esoterik-Workshop das innere Kind gesucht hat: Mein inneres Kind ist ein Disco-Kind. Ein Ausgeh-Kind. Und mit dem nehme ich an solchen Abenden Kontakt auf. Vielleicht sollten auch in Atem-Workshops Wodka und laute Musik eingebaut werden, um die inneren Kinder besser zu erreichen.

Erlebnisbericht Berghain

Das Berghain ist quasi die Kathedrale des Ausgehens. Kein anderer Berliner Club ist dermaßen mythenumrankt und hat so strenge Türsteher. Angeblich zählt das Berghain sogar zu den beliebtesten Clubs der Welt, und dementsprechend lang ist die Schlange vor der Tür. Normalerweise. Ich war mit einem Freund an einem Sonntagabend gegen 21 Uhr zufällig in der Nähe und sagte: »Ach, jetzt sind wir eh schon hier, und du warst noch nie drin, lass uns mal reingucken!« Uns erwartete keine Schlange, nur der tätowierte Türsteher, der freundlich grüßte: »Hallo!« Und dann sind wir rein. Ich fand das lustig, weil es immer heißt, wie schwierig es sei, da reinzukommen. Vielleicht waren wir zu früh da. Wer weiß.

Der Raum war wirklich schön, und die Kunst, die dort gezeigt wurde, toll. Ich finde, schon allein dafür ist das Berghain mit Recht berühmt. Mein Freund und ich haben ein Bier getrunken, die coole Musik gehört, Techno, was auch immer, alles ohne Melodie und ohne Gesang. Zwischendurch ertönte mal eine kleine Rassel in der Musik, woraufhin alle »Uhhh!« schrien. Ich dachte: »Ja, aber Leute, das ist jetzt noch nicht Donna Summer!« Mir fehlen bei so etwas die Vocals! Ein Techno-Klub ist eindeutig nicht meine Form des Ausgehens. Ein womöglich dunkler Raum, der vor sich hin hämmert, verschafft mir nicht dieses Uplifting-Gefühl.

Außerdem ist das Berghain sehr drogig, was mir auch keinen Spaß macht. Wenn alle auf irgendwelchen Tabletten sind, trägt das nicht zum Gemeinschaftsgefühl bei. Viele bleiben das ganze Wochenende über im Club. Leute haben mir gesagt: »Am besten ist es Samstagmittag gegen zwölf.« Aber Samstagmittag gegen zwölf gehe nicht mal ich aus! Und dort mit drogigen Leuten das Leben zu besprechen oder mit Fingerfarben zu experimentieren, ist auch nicht meins. Alle wirkten abgegessen und fertig. Ich will doch etwas Positives sehen und keine abgefuckten Leute! Da bin ich mit Köln, Kölsch und Karneval glücklicher …

Nach einer halben Stunde sind mein Freund und ich wieder gegangen. Vom angesagten Berghain aus sind wir direkt in irgendeine Kaschemme, die schön karnevalesk war. Wir waren im *Studio 54* unserer Zeit – aber es war uns leider zu cool.

Team Thomas: Freund Georg Uecker

Meine These ist grundsätzlich: Das mit dem Ausgehen wird mit sechzig nicht einfacher! Man sitzt auf dem Sofa, Netflix ruft, und draußen tobt das Leben. Man denkt: »Ich könnte auch einfach sitzenbleiben …« Aber ich finde, dass man sich zum Ausgehen ab und zu zwingen und mit Freunden, die eine ähnliche Meinung haben, ins bunte Leben ausbrechen muss. Zum Beispiel mit meinem langjährigen Freund Georg Uecker.

Unser Thema ist heute: Ausgehen mit sechzig – und du bist ja sogar ein bisschen älter als ich.

Vier Monate! Das möchte ich betonen.

Also sind wir beide jetzt in derselben Dekade angekommen, und mein Gefühl ist: Wenn man nicht im Ausgeh-Training bleibt, verliert man die Fähigkeit, mit fremden Leuten zu reden, Blödsinn zu machen und Spaß zu haben.

Das stimmt! Allerdings hat sich das Ausgehen im Vergleich

zu früher schon verändert. Mit Anfang zwanzig willst du doch vor allem begehrenswert sein, Angebote bekommen im Sinne von Flirten, Sex oder Tanzen – und die auch mal ablehnen. Die Hybris der Jugend. Dieses: »Was glaubt der eigentlich, wer er ist?« Das habe ich heute nicht mehr. Ich weiß, dass ich gegen einen 25-Jährigen mit blonden Haaren, der gerade aus Ibiza kommt, verliere, wenn ich angeschlagen in der Ecke stehe. Es gibt den schönen Spruch, den ich mittlerweile zu meinem Motto gemacht habe – und der gilt erst recht, wenn du die Sechzig überschritten hast: »Der Anspruch steigt, und der Marktwert sinkt.« Das ist leider so …

Und man muss es akzeptieren.

Stimmt. Ich finde es tragisch, wenn ich Ältere sehe, die sich betrinken und dann anfangen, den jungen Mann oder die junge Frau anzubaggern, obwohl es ganz offensichtlich ist, dass diese Person keine Lust darauf hat. Das habe ich noch nie gemacht.

Nee.

Obwohl es mir oft so geht, dass ich mich selbst irgendwie jünger in Erinnerung habe …

Das innere Alter ist oft ein anderes als das äußere.

Über das fortgeschrittene Alter will wirklich keiner sprechen. Das kommt mir fast wie ein Tabu-Thema vor. Du kannst leichter über alle Sex-Praktiken reden oder über das, was du politisch wählst, aber nicht über das Alter. Obwohl mir bewusst ist, dass man natürlich sieht, dass ich gelebt habe.

Warum denkst du, geht man überhaupt aus? Um Leute kennenzulernen?

Ich bin wahnsinnig neugierig auf neue Leute.

Ja, das haben wir gemeinsam! Und ich glaube: Dieser Zustand der Neugierde, der hält auch jung.

Ausgehen ist eine Schule des Beobachtens. Wer mich kennt auf der Bühne, der weiß, dass alles irgendwie verwertet wird. Das heißt aber nicht, dass ich den ganzen Abend mit einem Blöckchen dasitze. Trotzdem fließen bei mir Leben, Kunst und Unterhaltung immer ineinander. Auch deshalb ist Ausgehen wichtig für mich.

Das kenne ich.

Manchmal höre ich beim Ausgehen ganz dumme Sachen. Dann bin ich fasziniert und denke: Die Leute, die ich bei RTL2 sehe, gibt es wirklich! Oft triffst du aber auch sehr spannende Leute. Alles ist erst einmal unverbindlich, trotzdem kannst du Leute kennenlernen, bei denen sich mehr entwickelt. Im Alter passiert das allerdings seltener. Wie gesagt: Der Anspruch steigt. Ich habe einen tollen Freundeskreis und bin gut eingebunden – deshalb gehe ich inzwischen weniger Kompromisse ein.

Für mich ist das jedes Mal ein Ausflug ins Fremde, eine bestimmte offene Energie, die mich wachhält.

Mit 30 habe ich mich manchmal gefragt, ob ich überhaupt 31 werde. Ich habe so viele Freunde verloren, die zwischen 25 und 30 Jahre alt geworden sind. Mittlerweile habe ich beschlossen: »Es geht doch. Auch mir sechzig …«

Und Kneipen sind ja freundlich beleuchtet. Man muss nur rechtzeitig gehen, bevor das Putzlicht kommt.

Wenn Leute zu mir sagen: »Du bist doch nie im Leben sechzig!« Und ich möchte nicht, dass das auffliegt, dann denke ich auch: »Sack über den Kopf und schnell gehen, bevor es hell wird.«

Noch eine letzte Frage zu den Folgen der Nacht. Also, früher hat ein Kater von mir einen Tag gedauert. Man hat

getrunken, gefeiert, und am nächsten Tag ging es einem nicht gut. Dann blieb man brav auf der Couch, guckte einen alten Film und war am nächsten Abend wieder fit. Ab fünfzig dauerte es schon zwei Tage. Mittlerweile bin ich bei drei Tagen ...

Gehörst du zu den Leuten, die in ihrem Kalender den Katertag nach dem Ausgehen anstreichen, damit sie keine Termine annehmen?

Wenn ich weiß, dass ich im Tageslicht zurückkomme, muss ich schon gucken, dass ich nicht am nächsten Tag eine Sendung habe oder so ...

Also mein Kater dauert genauso lange wie immer.

Ich hasse dich.

Bevor das hier falsch ankommt: Ich weiß, mit wem ich hier rede. Du bist einer der wenigen, der beim Kölner Karneval sechs Nächte hintereinander – zwar mit Schlafen zwischendurch –, aber dennoch in sechs aufeinanderfolgenden Nächten gefeiert hat.

Trotzdem mache ich jetzt hier Schluss, liebe Leserinnen und Leser. Offenbar gibt es Leute mit sechzig, die nur einen Tag einen Kater haben und am Abend des Tages nach dem Ausgehen schon wieder ins Theater gehen können.

Das geht. Was mir hilft – aber das hat mit dem Alter nichts zu tun –, ist zwischendurch mal ein Schluck Wasser oder Cola. Zwischen dem Wein.

Oh, wenn wir nun bei den Tricks sind, dann möchte ich das auch noch mal sagen: Diese kleinen gemischten Schnäpse, die freundliche Wirte der ganzen Nation entgegenbringen mit den Worten »Es sind nur Vitamine ...« Das ist die größte Lüge der Gastronomie! Und noch ein Schlusswort zu Schnäpsen: Wenn du über sechzig bist und merkst, du bestellst und bezahlst Gin mit Kirschlikör oder so …

Dann hast du ein Problem!

Dann solltest du darüber nachdenken, ob das gerade noch richtig läuft. Oder ob du nicht vielleicht doch besser nach Hause gehen solltest.

7. Kapitel: Essen und Trinken

Würde ich vierzig werden, gäbe es kein Kapitel zum Thema Essen in diesem Buch. Ich finde, dass darüber ohnehin zu viel diskutiert wird. Essen ist definitiv überthematisiert! Manchmal kommt es mir so vor, als hätten die Leute das Gefühl: »Ich kann die Welt nicht kontrollieren, deshalb kontrolliere ich das, was auf meinem Teller liegt.« Ständig erklären sie dir, warum sie dies oder das nicht essen können oder wollen. Ich möchte mit solchen Gesprächen nicht meine Abende verbringen, weil ich finde, dass dadurch Gemütlichkeit verloren geht. Und als Gastgeber gerät man sogar richtig in Stress, weshalb ich mit komplizierten Essern lieber gleich ins Restaurant gehe, weil sich dann keiner Gedanken machen muss – und die meisten Restaurants mittlerweile alles anbieten: Nudeln aus linksdrehenden Weizenkernen und in Sonnenhanglage gewachsen. Demnächst kommt das kuratierte Bier, dann weißt du beim Craft-Bier auch bald, an welchem Weizenfeld der Reiher stand, als das Bier gebraut wurde. Das halte ich alles für übertrieben. Und auch diese Tausende Kochshows, von denen es jedes Jahr mehr gibt, schaue ich nicht an, dann gucke ich lieber eine Folge *Love Island* mehr!

Ab sechzig werden Essen und Trinken aber leider doch zu einem wichtigen Thema, weil sich der Stoffwechsel verändert. Mit zunehmendem Alter brauchen wir nicht mehr so viel! Das sehe ich auch bei meiner Mutter. Plötzlich ist sie schon nach einer Vorspeise satt, obwohl sie sich gerade noch auf den Hauptgang gefreut hat. Biologisch ist das einfach zu erklären: Stoffwechselvorgänge verlangsamen sich, die Muskelmasse nimmt ab, dadurch sinkt der Grundumsatz, also der Kalorienbedarf, den jeder hat, um seine Körperfunktionen aufrechtzuerhalten – das Atmen, den Herzschlag, die Verdauung. Gleichzeitig ist man körperlich weniger aktiv. Die benötigten Portionen werden kleiner … Als Genussmensch frage ich mich jetzt: Wie kombiniere ich meinen hedonistischen Anteil, der leckerstes Essen, leckerste Weine und leckerste Desserts liebt, mit den Ansprüchen meines Darms? Mittlerweile beschwert der sich nämlich, wenn ich nach einem Drei-Gänge-Menü aus dem Restaurant rolle. »Jetzt war's zu schwer!«, mault er. Und das die ganze Nacht. Ich möchte auch ab sechzig schlank bleiben und weiß, dass ich mich leichter und beweglicher fühle, wenn ich nicht mit guten Dingen vollgefressen auf der Couch liege. Aber wie stelle ich's an?

Diäten sind keine Lösung

Trennkost habe ich versucht. Eiweiße ausschließlich getrennt von Kohlehydraten zu verzehren, das klappt – und das kenne ich zum Beispiel aus Italien. Wenn du dir dort einen Fisch bestellst, kommt auch nur der Fisch. Vielleicht mit einem Salat.

Bestellst du dir in Deutschland einen Fisch, liegen neben Fisch und Salat garantiert Kartoffeln, Nudeln oder Reis. Wir haben immer drei Komponenten. Dabei sind sich eigentlich alle Ernährungsspezialisten einig: Wir essen tendenziell zu viele Kohlenhydrate – und das ist ungesund, weil dadurch zu viel Insulin ausgeschüttet wird, das den Blutzuckerspiegel sinken lässt. Als Folge werden wir kurzfristig müde, langfristig dick, und Übergewicht ist eh immer schlecht.

Es gab auch schon lustige Diäten. Die französischste aller Diäten, die ich probiert habe, war die Montignac-Diät, bei der es vor allem darum geht, die Kohlenhydrate in den Griff zu bekommen. Da durfte ich Gänse-Stopfleber und Käse essen! Das klang natürlich erst einmal super, und ich dachte: »So kann's doch gar nicht funktionieren!« Aber es waren eben nur halbe Portionen, sodass ich dann mit einem halben Brie dasaß und die Montignac-Methode schnell Erfolg zeigte. Zudem war sie weniger darbend, als wenn ich mit einem Salatblatt und einem Hüttenkäse dagesessen hätte. Beim derzeit so angesagten Intervallfasten war ich sofort raus. Zu sagen: »Es ist fünf vor vier, ich darf noch nicht« – das wäre mir zu dogmatisch. Wenn du richtige Gewichtsprobleme hast, kann das aber funktionieren – zumindest erzählen mir das viele Leute. Letztlich halte ich Diäten für Glaubenslehren, und jeder muss für sich selbst herausfinden, was für ihn passt. Für mich kann ich sagen: Diäten kommen und gehen. Aber im Endeffekt funktionieren alle ähnlich: Du musst dauerhaft mehr Kalorien verbrennen als zu dir nehmen. Ich habe für mich aber festgestellt, dass mir strenge Essensregeln auf Dauer zu anstrengend und zu genussfern sind. Das muss anders gehen! Ich möchte schlank und gesund bleiben, aber mehr im Riviera-Stil.

Der erste Trick: Der richtige Zeitpunkt

Was mir in meinem Alltag hilft, ist das Bild einer sehr dünnen Pariserin. Als eine solche sehe ich mich innerlich bei der Nahrungs- und Genussaufnahme. Ich orientiere mich also im Kopf an einer Isabelle Huppert – eine ausgesprochen aparte französische Schauspielerin weit über sechzig, 1953 geboren. Und ich stelle mir die Frage: Was isst die wohl so den ganzen Tag? In meiner Vorstellung hat die Pariserin selbstverständlich den Kniff raus, genussvoll zu leben, ohne dabei ihr System zu überlasten. Die weiß, wie man zwischen Beef Tatar und Crêpe Suzette schlank bleibt. Deshalb mein Tipp: Arbeiten Sie mit Ihrer inneren Isabelle Huppert und nicht mit Ihrer inneren Semmel-Rosi!

Aber was genau machen die Pariserinnen anders? Jenseits des Sportprogramms und der eleganten Klamotte ist die angemessene Portionierung zum richtigen Zeitpunkt das Geheimnis. Denn man muss nicht annehmen, die Pariserin würde wenig essen. Das stimmt nicht! Frankreich ist das Land der Drei-Gänge-Menüs und der besten Cuisine der Welt. Die Franzosen haben auch die leckerste Patisserie. Also: Wie kommt die Huppert durch die Konditorei? Das ist die Frage!

Ihr erster Trick ist es schon einmal, die Hauptgenuss-Mahlzeit vom Abend in den Mittag zu verlegen. Bei uns findet ein großer Teil unseres Soziallebens am Abend statt. Dann steht bei Geschäftsessen und Geburtstagseinladungen die Nudelpfanne auf dem Tisch. Daneben lockt der Weißwein. Und hinten hat noch jemand ein Dessert vorbereitet. Kalorien-, energie- und gesundheitstechnisch ist es katastrophal, um neunzehn Uhr noch drei Gänge zu essen. Angeblich fährt unser Verdauungssystem bereits ab dem Nachmittag allmählich in den Ruhemodus. Abendliche Eiweiße kann der Körper immerhin noch für seine nächtlichen Umbauprozesse brauchen, die schnelle Energie aus den Kohlenhydraten ist für ihn dagegen vollkommen unbrauchbar. (Es sei denn, wir planen in der Nacht eine Einheit Klimmzüge ...) Parallel dazu nimmt gegen Abend unsere Willenskraft ab. Können wir der Crème brûlée am Mittag vielleicht noch widerstehen, sind wir ihr am Abend hilflos ausgeliefert. Deshalb spricht alles dafür, das Essen in den Mittag zu verlegen. Als Lunch.

Eine meiner Devisen ab sechzig lautet also: Schieben Sie das Dinner in den Mittag! Machen Sie Ihre Dinner-Freunde zu Lunch-Freunden! Auch wenn das ein Freiräumen der Mittagszeit bedeutet, da ein guter Freundes-Lunch mindestens zwei Stunden dauert. Sollte das unter der Woche (noch) nicht möglich sein, könnte man an den Wochenenden damit starten, bis sich das mit dem Lunchen irgendwann auch unter der Woche etabliert hat. Das muss man als Isabelle eben so einrichten ... Denn erstens darf man mittags drei Gänge essen. Zweitens kann der Körper die Vitamine und Mineralien besser verarbeiten. Und drittens geht man später am Abend leichter ins Bett, weil man nur noch einen leichten Snack braucht, bevor man sich in Richtung Schlaf verabschiedet.

In Italien und Frankreich sind mittägliche Drei-Gänge-Menüs ganz normal. Und auch der richtige Isabelle-Huppert-Lunch besteht selbstverständlich aus drei Gängen. Wobei ich immer sagen würde, dass man sich beim Dessert entscheiden muss, ob man das Süße nimmt oder den Käse. Beides ist sogar mittags zu viel! Für mich ist das mit dem Mittags-Lunch übrigens nicht neu. Schon in meiner Zeit in New York – unmittelbar nach meinem Studium mit Anfang zwanzig – war

159

der Lunch eine feste soziale Einrichtung, bei der man ganz selbstverständlich seine Freundschaften pflegte. Damals saßen und aßen häufig die dünnen New Yorker Fashion Editors an den Nachbartischen. Allerdings futterten die nur die Oliven in ihrem Martini. Die schienen deren Hauptnahrungsquelle zu sein – das war das Gemüse, da war das Gesunde drin. Nach dem ersten Gang war die dünne New Yorkerin meist ziemlich betrunken, weil im Martini so viel Alkohol steckt. Als Hauptgang bestellte sie einen Salat. Vorzugsweise ohne Dressing. Und danach gab's den Weißwein. Wobei man sich beim Weißwein nicht vertun darf: Der hat auch Kalorien! Aber damit kommt die dünne New Yorkerin wahrscheinlich heute noch schlank durchs Leben – nur leider als Alkoholikerin. Und eine schlanke Alkoholikerin ist ja auch kein schönes Bild. Aber der Trick klappt! Ich bevorzuge allerdings die französische Art.

Eine gute Alternative zum Lunch ist übrigens der Brunch. Dann hat man am Abend auch nicht mehr so einen großen Hunger, weil man am Vormittag schon etwas Warmes gegessen hat. Man muss nur aufpassen, dass man beim Brunch nicht von den Eggs Benedict zur Pasta wechselt. Danach fühlt man sich sonst so schwer, dass man sofort wieder schlafen muss und am Abend doch wieder Hunger hat.

Der zweite Trick: Die richtige Menge

Manchmal lässt es sich nicht vermeiden – man ist am Abend ins Restaurant eingeladen. Dann sollte man aber niemals mehr als einen Gang essen. Das ist das oberste Gesetz! Ich weiß, dass im Restaurant immer drei Gänge auf der Karte stehen – und alles ist lecker. Trotzdem! Eine Sache ist okay, mehr nicht. Sonst rebelliert der Magen. Die Königsdisziplin ist: Nur eine Vorspeise essen! Ich merke das bei mir selbst. Wenn ich am Abend bei einer Verabredung ein gutes Lachs-Carpaccio mit Brot esse, bin ich satt. (Und Brot gibt es in Deutschland immer zum Essen. Was wären wir Deutschen ohne Brot? Dann fangen wir wahrscheinlich an zu weinen …) Ich brauche keinen zweiten Gang. Und schon gar keinen dritten. Wenn man ehrlich ist, laden danach nur das Menü, die Gemütlichkeit und das Zusammensitzen zum Weiteressen ein, und mein Gegenüber und die normalen Gepflogenheiten drängen zum Fleischhauptgang und anschließend zum Dessert. Aber das muss man sich verkneifen.

Um Diskussionen zu entgehen und die Gemütlichkeit nicht zu stören, versuche ich, mein Essen irgendwie synchron zu gestalten zu meinem Gegenüber – schließlich möchte ich ihm weder das Gefühl vermitteln, dass er über die Stränge schlage, noch dass ich in Eile sei. Also muss man schauen, wie man das gut hinkriegt. Meist bestelle ich das eine Gericht mit der Vorspeise meines Gegenübers. Und wenn der Hauptgang für den anderen kommt, trinke ich ein Glas Wein. Oder ich nehme einen Champagner als Vorspeise und mache dann den Hauptgang mit. Mein Mann liebt zum Beispiel Desserts aller Art, Schokolade und alles Süße. Da mache ich nie mit! Wenn er sein Dessert bestellt, trinke ich einen Digestif, das ist sozusagen mein Liquid-Dessert. Oft thematisiere ich mein Ein-Gang-Menü auch schon, wenn es darum geht, wer was essen möchte, damit die Gemütlichkeit bleibt und alle sich entspannen können. Und sollte ich nach dem Lachs-Carpaccio doch Lust auf die Nudeln haben, esse ich eben nur die Hälfte, und den Rest lasse ich mir – Obacht! – einpacken. Und zwar in jedem Restaurant.

Ich hasse es, Essen wegzuschmeißen oder wegschmeißen zu lassen. Ich kann das schlecht und finde es auf jeder Ebene unrichtig. Aber man muss sich natürlich trauen, danach zu fragen. Früher war das ein wenig verpönt. Keiner wollte den Eindruck erwecken, dass man es sich nicht leisten könne, das Essen zurückzugeben, oder man irgendwie bedürftig sei, weil man sich das einpacken lässt. Fakt ist aber, dass man auf die Mengen auf seinem Teller überhaupt keinen Einfluss hat. Wenn man bestellt, weiß man nicht, wie viel kommt. Und es gibt riesige Unterschiede! Ich liebe zum Beispiel Schnitzel. In manchen Lokalen kommt ein klassisches Wiener Schnitzel, das ungefähr so groß ist wie ein Fußballfeld. Schon wenn der Kellner es bringt, weiß ich, dass ich mir davon etwas einpacken lassen werde. Bei manchen Portionen bin ich wirklich fassungslos! Wenn wir in Nürnberg, wo ich aufgewachsen bin, fränkisch essen wollen, bringen die freundlichen Servicekräfte häufig eine Schweinshaxe oder ein Schäufele (eine geschmorte Schweineschulter), bei der ich denke: »Das kann niemand schaffen! Das ist nicht denkbar!« Der Teller sieht aus wie aus *Asterix und Obelix*, wie ein gewaltiges Steinzeit-Requisit. Und das essen die abends! Dass dann in der Nacht der Magen arbeitet und alle Energie in die Verdauung fließt, sodass man nicht einmal mehr träumen kann, ist wirklich kein Wunder. Und nach dem Schäufele kommt der Kaiserschmarren auf den Tisch. Als Nachtisch. Es gibt Restaurantgäste, da wundert man sich …

Bitte nicht falsch verstehen: Ich will nicht nie wieder Kaiserschmarren essen. Aber das ist ein Hauptgericht, bei dem man vorher und nachher nichts braucht! Auch eine Sachertorte ist eine feine Sache – die ist aber schon bei einem Stück quasi ein Mittagessen. Und wenn man danach Heißhunger auf etwas Deftiges hat: Keine falsche Scham – was zu viel ist, einpacken lassen! Ich finde, dass sich diesbezüglich in den vergangenen Jahren viel getan hat in der Gastronomie. Wenn ich sage: »Es hat super geschmeckt, aber es war für mich zu viel. Kann ich das mitnehmen?«, haben die Kellner immer Verpackungsmaterial, um mir meinen Wunsch zu erfüllen. Mittlerweile sind das oft biologisch abbaubare Kartonbehälter, sodass man nicht einmal ein schlechtes Gewissen haben muss. Ich habe gelesen, dass Restaurants knapp die Hälfte ihrer gekauften Lebensmittel wegwerfen. Darauf haben die doch auch keine Lust! In das, was auf dem Teller liegt, ist schließlich Arbeit geflossen. Da stecken Mühe, Koch- und Küchenarbeit drin. Und wenn ich den halben Teller zurückgehen lasse, sind die Restaurantleute gesetzlich dazu verpflichtet, alles wegzuwerfen. Das ist schade! Deshalb bitte ich mittlerweile auch in den teuersten Restaurants darum, mir das übrig gebliebene Essen einzupacken. Das führt dazu, dass ich nicht nur leichter aufhören kann, wenn ich keinen Hunger mehr habe, ich habe zudem am nächsten Tag auch noch ein richtig leckeres Essen zu Hause, das unter Umständen sogar besser schmeckt, als wenn ich selbst gekocht hätte. Das ist win-win! Das sollte man auf jeden Fall machen!

Der dritte Trick: Das richtige Bauchgefühl

Jetzt habe ich Ihnen das mittägliche Drei-Gänge-Menü schmackhaft gemacht und nicht verraten: Auch hier kommt's leider auf die Portionsgröße an. Es gilt das oberste Gebot: »Du musst aufhören, wenn du satt bist!« Und dafür braucht man ein gutes Gefühl für seinen Magen, weil das alte Mengengefühl nicht mehr stimmt. Während ich auf meiner Kur immer auf dieser kleinen Semmel herumkaue, lerne ich, wie wenig man braucht, wenn es das Richtige ist. In meiner Kurklinik schmeckt alles extrem lecker, aber es gibt nur ganz wenig – und trotzdem vermisse ich nichts. Ich glaube, der Großteil unseres Essens ist Belohnungsküche. »Ich habe den ganzen Tag gearbeitet, ich muss jetzt Nudeln essen.« In Gemeinschaft greift der soziale Zwang: »Jetzt sitzen wir alle so gemütlich zusammen, und die Annemarie hat die Pizza gemacht.«

Sowieso essen wir in Gemeinschaft viel mehr. Laut Studien sogar doppelt so viel – weil es so schön ist in netter Runde. Außerdem ist man abgelenkt von dem, was der Magen einem eigentlich sagen möchte. Dafür reicht allerdings auch schon der Fernseher. Schaut man nebenbei die neue spannende Netflix-Serie oder schreibt sich mit Freunden Kurznachrichten, isst man deutlich mehr, als wenn man in völliger Ruhe seine Suppe löffelt. Noch schlimmer wirkt sich Stress aus: Da wird sofort der Appetit angekurbelt, und man isst viel mehr, als man eigentlich möchte.

Mein Weg, den ich künftig einschlagen möchte: Bewusst essen und auf meinen Magen hören, damit ich mich ab sechzig nicht lahmlege, weil ich dauernd mein Energiezentrum beschieße. Trotzdem möchte ich genussvoll leben und nicht die Person am Tisch sein, die immer nur sagt: »Ich will einen Salat.« Jeder hasst die Person am Tisch, die nur Salat knabbert, während man selbst gerade die Pasta ansteuert. Und wer will schon die unsympathischste Figur am Tisch sein? Das ist ungemütlich. Zumal Salat ohnehin nicht die Lösung ist. Mir schmeckt das nicht einmal besonders gut. Irgendjemand hat mal gesagt, Salat sei die kalte unfreundliche Zutat beim Essen. Dem kann ich nur zustimmen. Da bevorzuge ich doch kleine Portionierungen, abends nicht mehr als einen Gang, mittags ein bisschen Vorher und Nachher. Und danach am besten ein wenig schlafen oder laufen, um das alles zu verarbeiten. So kann man doch wunderbar ins Alter gehen. Das ist so ein Riviera-Bild, das mir gefällt. Am besten noch mit Blick aufs Meer, weil ich finde, dass alles sowieso besser schmeckt und riecht, wenn man draußen sitzt. Dann ist der Genussfaktor gleich höher. Dazu Champagner, Crémant oder Sekt. Dann ist es perfekt.

In meinem Lieblings-Café in Zürich steht an der Wand: »Ein guter Tag fängt mit einem Kaffee an und hört mit einem Glas Champagner auf – oder umgekehrt.« Das würde ich unterstreichen. Etwas Prickelndes belebt den Kopf, belebt Gespräche und ist dabei nicht so schwer wie Wein. Zumal mit zunehmendem Alter die Säure für den Magen ohnehin anstrengend wird. Manchmal sage ich schon: »Der Weißwein darf aber nicht zu viel Säure haben.« Ich habe immer Angst, dass ich klinge wie Oma, und die Kellner anschließend mit dem Hupfheimer Jungferngärtchen mit purem Zucker um die Ecke kommen. Aber es stimmt leider, dass mein Magen heute mit der Säure weniger gut umgehen kann als noch vor zehn Jahren. Auch das pflege ich ein.

Ich fasse also noch einmal zusammen: Nur essen, wenn man

wirklich Hunger hat. Ist man satt, hört man wieder auf. Stopfen oder Essen aus Langeweile sind tabu. Verzicht und Verbote, was bestimmte Lebensmittel angeht, gibt es nicht. Und Schampus ist trocken, lecker und für alles gut – in Maßen. Außerdem kann er jede Mahlzeit – auch wenn sie mittlerweile kleiner ausfällt – veredeln und in dieses französische Gefälle bringen, das wir unbedingt haben wollen.

Mein Lieblings Zwei-Gänge-Menü (mit Nachtisch!)

Als Hauptgang: Rotes Risotto

Eines meiner absoluten Lieblingsgerichte! Das habe ich auch schon häufiger im Fernsehen gekocht. Viele Menschen haben Angst vorm Risotto, weil sie glauben, dass man wahnsinnig viel tun müsse, damit es nicht anbrennt. Tatsächlich stimmt das Gegenteil: Risotto ist für mich eines der am leichtesten zu kochenden Gerichte der Welt, weil man eigentlich alles zum Reis hinzufügen kann, was man mag – und außer rühren und würzen muss man nichts tun. Außerdem kann man es perfekt portionieren – was wieder meiner inneren Französin gefällt –, weil man auch eine normale Menge (das Rezept ist für vier Personen) so aufteilen kann, dass man eine Portion isst und den Rest aufbewahrt, um ihn am nächsten Tag aufzuwärmen. Wir brauchen:

2 TL Olivenöl

1 TL Butter

2 kleine Zwiebeln

4 Knoblauchzehen, zerdrückt

2½ Tassen guter Risotto-Reis, gern Arborio

200 Milliliter Rotwein zum Ablöschen

2 Tassen Gemüsebrühe

2 Tassen Rote-Bete-Saft

1 große Rote Bete (am besten fertig kaufen) in kleine Stücke zerteilt

70 g Parmesan

Noch mal 3 TL Butter

100 g Ziegenkäse, zerbröckelt

Petersilie

Kandierte Wal- oder süße Cashewnüsse (fertig kaufen)

Olivenöl und Butter bei mittlerer Hitze im Topf erwärmen, dann Zwiebeln und Knoblauch darin dünsten, bis sie weich sind. Der Knoblauch darf nicht braun werden! Dann den Reis für zwei bis drei Minuten anrösten. Anschließend mit dem Wein ablöschen und immer wieder mit dem Rote-Bete-Saft und der heißen Gemüsebrühe aufgießen, sodass der Reis immer bedeckt ist. Auf niedriger Stufe köcheln lassen und häufig umrühren. Das Risotto darf richtig schön »matschig« werden, so mag ich es am liebsten, aber natürlich kann man es auch mehr al dente halten. Danach geht es ans Finish: Rote Bete, Parmesan und den Butterrest unterrühren und erwärmen. Mit Pfeffer und Salz abschmecken. Vom Herd nehmen, eine Minute ziehen lassen (muss nicht zu heiß serviert werden) und mit der Petersilie, dem Ziegenkäse und den Nüssen dekorieren. Zum Schluss noch mit Olivenöl beträufeln.

Als Dessert: Mehlloser Schokoladenkuchen

Als Nachtisch superlecker und ganz leicht, weil Mandeln das Mehl ersetzen. Wir brauchen:

200 g weiche Butter

- 150 g braunen Zucker
- 200 g gemahlene Mandeln
- 1 g gehackte Mandeln
- 1 Packung Backpulver
- 5 Eier (getrennt Eischnee schlagen)
- je 100 Gramm geschmolzene Vollmilch- und Zartbitter-Schokolade

Butter und Zucker und Eigelb zusammen in einer großen Schüssel schaumig rühren. Mandeln, Backpulver und Schokolade mit dem Mixer unterrühren, Eischnee unterziehen. Die Masse in eine gefettete Springform füllen und im vorgeheizten Ofen bei 160 Grad (Umluft) etwa 45 Minuten backen. Mit Puderzucker bestreuen. Fertig.

Team Thomas: Heilpraktikerin Lotta Herrgesell

Lotta (Jahrgang 1965) ist als schwedisches Wald- und Wiesenkind aufgewachsen. Sie ist meine lebenslustige Homöopathin und Fachfrau für alle Gesundheitsthemen und gibt mir immer irgendwelche Tipps für Genuss und Schönheit oder empfiehlt mir Übungen zur Entspannung und inneren Reinigung. Und – ganz wichtig, sonst mache ich es nämlich nicht: Alles, was sie sagt, lässt sich gut in meinen Alltag einbauen. Was mir an Lotta besonders gefällt: Sie ist gesund, lebt gesund, ist gleichzeitig aber – wie ich weiß – sehr sinnlich und feierfreudig …

Liebe Lotta, eins meiner Hauptprobleme im Alter ist bislang: Mein Magen verträgt nicht mehr so viel Champagnersäure. Wie bringt man jetzt eigentlich Genuss und Gesundheit zusammen?

Ich finde: Das Wichtigste ist erst mal das Wissen. Zu wissen, was in unserem Körper passiert. Was verändert sich, wenn wir älter werden? Und worauf kommt es jetzt an? Denn alle Menschen wollen ja möglichst alt werden.

Genau! Alt und noch älter.

… und das gesund, schmerzfrei, möglichst fit und möglichst faltenlos. Ich denke, das Ziel sollte sein: Wie kriege ich es hin, dass ich meine letzten zwanzig Jahre nicht mit Schmerzen oder irgendwelchen unnötigen Krankheiten lebe? Die Kunst ist, eine Balance zwischen dem Genuss und der Gesundheit zu finden. Denn es ist tatsächlich so: Wir haben weniger Puffer, wenn wir älter werden. Alles wird schwächer, wir regenerieren langsamer, die Zellen erneuern sich langsamer, die Hormone und die Verdauungsenzyme verändern sich, die Muskeln bauen ab, Knochen bauen ab. Alles ist im Abbau. Mit dem richtigen Wissen aber kann man sich gezielter wieder regenerieren. Dieser Ausgleich wird nun wichtiger.

Meinst du, dass man mehr Zeit dafür einplanen muss, beispielsweise einen Kater auszukurieren? Oder kann man da Tricks und Schliche anwenden?

Tatsächlich kann man die Regeneration der Zellen mit gewissen Substanzen fördern. Man kann auch das Entgiften unterstützen. Und ich spreche immer nur von den Mitteln aus der Natur. Dieses gezielte Detoxen gelingt auch gut, wenn man älter ist.

Was meinst du für Substanzen?

Oh, das ist ein weites Feld! Wenn wir älter werden, nimmt zum Beispiel die Kraft der Verdauung ab, aber die kannst du fördern, indem du Bitterstoffe einnimmst.

Ich habe neulich mit Marijke Amado gedreht. Die ist fast zehn Jahre älter als ich und total fit! Deshalb habe ich sie gefragt, was ihr Geheimnis sei, und sie kam mit irgendwelchen japanischen Algen um die Ecke. Die sollen auch Giftstoffe abbauen.

Chlorella wahrscheinlich.

Genau.

Chlorella, Spirulina … Ich bin auch ein großer Fan von Lavaerde-Produkten beziehungsweise Mineralerde – die haben eine hohe Bindungskraft und sind einfach genial zum Detoxen. Aber man muss auch hin und wieder die Leber unterstützen, dem Darm die richtigen probiotischen Kulturen geben und so weiter. Und dann gibt es Substanzen, die die Regenerationskraft der Zellen erhöhen können, was auch wichtig ist. Eigentlich ist es ein Potpourri. Und ich arbeite ja immer sehr persönlich und sehr individuell, weil jeder Mensch einzigartig ist und seinen individuellen Alltag hat.

Es kommt also viel zusammen.

Wichtig ist die persönliche Haltung. Worum geht es mir? Der eine will im Alltag weniger Bauchschmerzen haben, der nächste weniger Kopfschmerzen. Dazu muss man wissen: Was tut mir gut, was tut mir nicht gut? Wer tut mir gut, wer tut mir nicht gut? Da gilt es, einen guten Weg zu finden.

Zum Beispiel mit gutem Essen.

Man kann genussvoll bleiben. Aber es geht jetzt immer mehr um die Qualität – die wird wichtiger. Die richtigen Produkte, sofern man sie sich hoffentlich leisten kann. Ich habe diesen markigen Spruch: »There is no body B.« Umgewandelt von: »There is no planet B.« Wir haben nur diesen einen Körper, und den müssen wir gut pflegen. Aufschieben ist jetzt nicht mehr – dieses »Das mache ich dann später, wenn ich in Rente bin. Oder wenn die Enkelkinder Abitur gemacht haben.« Und das gilt für alle Bereiche des Lebens! Wenn man noch offen für Neues ist, dann ist das jetzt eine perfekte Zeit, es anzugehen.

Manche sagen: »Man könnte doch mit allen Lastern aufhören. Aufhören, Alkohol zu trinken, aufhören, spät ins Bett zu gehen, aufhören, auszugehen in rauchige Kneipen.« Absolute Askese ab sechzig.

Für mich hat Gesundheit die drei Grundpfeiler Ernährung, Bewegung und Emotionen. Deshalb halte ich Genuss für wichtig! Ganz ohne Genuss in die Askese zu gehen, das ist für den, der es mag, wunderbar. Aber oft ist es lebensunfreundlich. Ich glaube sehr daran, dass positive Gefühle, ein genussvolles Essen, ein schönes Glas Wein, ein wunderbarer Champagner wichtig sind für unsere Seele.

Deshalb verstehen wir uns in dem Punkt so gut! Was ich noch interessant fände – und das wäre auch quasi mein Schlussgedanke: Prävention kann man eigentlich nie früh genug starten, das muss man gar nicht mit sechzig machen, sondern auch schon mit fünfzig oder mit vierzig. Stimmt's?

Viele, die zu mir kommen, haben Erkrankungen oder Schmerzen. Da haben sich jahrelange Fehlernährung, jahrelanger Bewegungsmangel oder jahrelanges Zuckeressen im Körper manifestiert. Das ist immer ein Problem. Im Laufe des Lebens sammeln wir viele Toxine an. Der Körper hat eine große Kompensationskraft. Wie du sagst: Junge haben einen Kater, und am nächsten Abend feiern sie weiter. Aber irgendwann ist diese

Kompensationskraft ausgeschöpft, und dann kippt es in Richtung Krankheit. Und das passiert immer früher, weil wir in einer relativ toxischen, stressigen Zeit leben. Deswegen ist es gut, wenn man etwas für sich tut. Das Schlüsselwort ist Balance. Balance zwischen Ruhe und Aktivität. Balance zwischen Genuss und gesundem Essen. Und die Balance zwischen »Ich trinke mal ein Glas mehr« und trotzdem die Leber unterstützen. Jedes Leben ist eine Reise, und da muss jeder seine Wege finden ...

Und wenn man dich kennt, dann sieht man auch, dass deine Rezepte alle aufgegangen sind und dass du das auch ausstrahlst.

Das hoffe ich.

8. Kapitel: Ruhephasen

Ich habe viel gearbeitet und arbeite immer noch viel – und das schaffe ich nur, weil ich meine Ruhezeiten respektiere. Davon bin ich wirklich überzeugt: Du kannst allen Stress aushalten, wenn du dazwischen auf ausreichend Pausen achtest. Das habe ich früh verstanden und auch meinen Mann mitgezogen. Als der seine heißesten Phasen hatte, habe ich ihn oft genötigt: »Wir müssen jetzt raus, wir müssen Urlaub machen!« Weil ich das sichere Gefühle hatte, dass es nötig war. Deshalb sind wir oft aus dem größten Trubel in die Ruhe aufgebrochen. Mir fiel der abrupte Wechsel nie schwer, weil ich mich gut absenken kann. Ich bin der Badewannen-Typ. Ich habe schon als Kind gern lange gebadet, kann gut schlafen und insgesamt gut herunterfahren. Das können viele Leute nicht – aber auch für sie sind Pausen aller Art wichtig, und die werden im Alter zunehmend wichtiger.

Meine Mutter hat früher jeden Tag ein Mittagsschläfchen gemacht, was mich schwer beeindruckt hat. Nach der Schule gab es ein Mittagessen, danach schlief sie erst einmal eine halbe Stunde auf dem Sofa, und es war Ruhe im Karton. Im Anschluss war sie wieder frisch und munter. Vielleicht habe ich dadurch gelernt, dass man dieses Kapitel eigentlich überschreiben sollte mit »Ein Hoch auf das Mittagsschläfchen!« Denn ich finde: Nichts ist wichtiger als eine Pause in der Mitte – und mittlerweile ist meine generelle Pausenhaltung sogar wissenschaftlich bewiesen.

Das Mittagsschläfchen

Beginnen wir mit der Mini-Ruhepause unter gesundheitlich-medizinischen Aspekten: Ein Mittagsschlaf ist – nachgewiesen! – gut für die Herzgesundheit und senkt das Risiko für Herz-Kreislauf-Erkrankungen. Sogar deutlich! Also: Nicht nur ich empfehle, auch jeder Kardiologe rät dazu, sich mittags hinzulegen. Und diese Mittagsruhe scheint uns Menschen sogar im Blut zu liegen: Schlafforscher haben neben der Hauptschlafphase in der Nacht tatsächlich eine Schlafphase am Tag entdeckt. Unser Körper zeigt dabei die gleichen Merkmale wie vor der Nachtruhe: Müdigkeit, eine reduzierte Leistungsfähigkeit, eine höhere Fehlerrate, sogar eine niedrigere Körpertemperatur. Der Hermanns'sche Hang zum Einhöhlen zwischendurch ist offenbar biologisch bedingt …

Experten empfehlen als ideale Mittagsschlafdauer zwanzig Minuten, aber ich habe das Gefühl, dass der Bedarf – wie auch beim Nachtschlaf – sehr unterschiedlich ist. Bei mir sind die empfohlenen zwanzig Minuten eine perfekte Länge. Mein Mann braucht eher eine Stunde. Jeder muss für sich herausfinden, was für ihn passt. Da muss man experimentieren. Auch, um herauszufinden: Bin ich ein Dunkelschläfer, bin ich ein Halbdunkelschläfer? Wie klappt's für mich am besten? Brauche ich meine spezifische Schmusedecke? Oder tut es jede Art von Bettüberzug? Ich bin diesbezüglich unkompliziert und kann diese Art von Schläfchen überall halten. Sobald ich irgendwo eine Garderobe betrete, schaue ich erst einmal, ob dort eine Couch steht. In den meisten Fernsehgarderoben gehört die zum Standard, und falls doch einmal kein Sofa da sein sollte, wechsle ich die Garderobe. Wo ich häufiger gearbeitet habe, da wissen die das sowieso schon und quartieren mich dementsprechend ein. Und dann ist mir auch alles egal. Da kann draußen Sarah Connor ihr neuestes Lied singen – ich ziehe die Schuhe aus, der Rest bleibt an, und schon liege ich in meiner Garderobe und schlafe. Mit einem handgeschriebenen Schild an der Tür, auf dem steht: »Nicht stören! Er schläft!« Damit bloß keiner anklopft und mich weckt. Ein Kissen wäre noch schön für den Nacken …

Aber ich klappe auch so um und schlafe, bis jemand klopft, weil es Zeit ist. Dann fahre ich sofort hoch wie ein Zinnsoldat – und es geht weiter. Das habe ich, glaube ich, früher gelernt, als ich bei uns im Quatsch Club die Doppelshows moderiert habe. Da lief die erste Show von 19:30 bis 22 Uhr. Die zweite begann nach einer Stunde Pause, in der ich wieder schlafen musste. Also: Rein in die Garderobe, Tür zu, rauf aufs Sofa, eine halbe Stunde schlummern. Anschließend fuhr ich wieder hoch, machte noch mal meinen Text und ging um 23 Uhr wieder raus auf die Bühne. Hochklappen und arbeiten! Wie ein Stehaufmännchen. Einige Mitarbeiter von mir fanden es erstaunlich, dass ich vom Sofa zur Bühne nur fünf Minuten, einmal überpudern und einen Espresso brauchte. (Ich bin ein großer Kaffee-Fan!)

Dieses Unmittelbar-nach-dem-Aufstehen-Arbeiten klappt

allerdings nur bei sehr routinierten Aufgaben. Vor neuen Dingen oder Texten, die ich zum ersten Mal können muss, schlafe ich nicht … Es sei denn, ich sitze im Flieger. Egal, wie viel Aufregung mich nach der Landung erwartet, bin ich sofort weg. Ich bin ein großer Flugzeug-Schläfer! Ich buche immer einen Fensterplatz, damit ich meinen Kopf gegen die Wand lehnen kann. Im Zug das Gleiche. Sobald irgendetwas rollt, kann ich schlafen. Und diese Müdigkeiten werden im Alter stärker, weil natürlich die Anstrengungen des Lebens zunehmen. Mit meinen Mittagsschläfchen habe ich das Gefühl, diese Leistungstiefs super und vor allem superschnell ausgleichen zu können. Und auch das ist ja wissenschaftlich bewiesen, und auch viele Arbeitgeber wissen und integrieren das.

In Japan schicken zum Beispiel viele Chefs ihre Mitarbeiter in der Mittagspause zum Schlafen. Einige Firmen haben dafür sogar Sofas in ihre Konferenzräume gestellt. »Inemuri« nennen sie das: anwesend sein und trotzdem schlafen, um Stress abzubauen und anschließend wieder mit voller Aufmerksamkeit arbeiten zu können. Angeblich wird dieses Power Napping sogar vom japanischen Gesundheitsministerium empfohlen. In Deutschland dagegen scheint der Mittagsschlaf verpönt zu sein. Wir sind ein Leistungsvolk und sollen mittags lieber durcharbeiten. Wer den Spaten niederlegt, gerät sofort unter Verdacht! Ich würde mir wünschen, dass es auch in der deutschen Arbeitswelt durchsickert, dass der Mittagsschlaf ein einfaches Mittel ist, um die Arbeitsleistung zu verbessern. Natürlich wird demnächst nicht bei jeder Supermarkt-Verkäuferin ein Bett im Lager stehen – aber für Menschen im Homeoffice ist das jetzt eine Chance. Jeder hat zu Hause hoffentlich ein Bett, in das man sich in der Pause mal kurz legen und üben könnte, unter welchen Bedingungen man am besten mittagsschläft. Vielleicht stellt man dabei auch fest, dass man nicht so ein In-den-Bau-schlüpf-Typ ist, sondern lieber durchackert und dafür früher in den Feierabend geht. Aber zumindest sollte man es einmal probiert haben ...

Das Vorabendschläfchen

Mein Gefühl ist, dass ich pro Dekade eine Schlafeinheit mehr brauche. Kam ich bisher mit meinen Mittags-, Flug- und Zug-schläfchen aus, könnte nun noch eine neue Schlafeinheit da-zukommen: das Vorabendschläfchen. Das ist sozusagen die Stufe 2 der Schläfchen und Pausen. Wenn wir um zwanzig Uhr zum Essen oder ins Theater gehen wollen, kann man sich zwischen achtzehn und neunzehn Uhr ganz wunderbar noch einmal hinlegen. Hier bitte keine falsche Scheu! Auch wenn man vielleicht denkt, man hätte doch schon zwischen 14:30 und 15 Uhr ausreichend geschlafen. Es macht trotzdem nichts, um achtzehn Uhr wieder ins Bett zu gehen! Der Abend ist schließlich lang. Ich gehe zum Beispiel nie vor ein Uhr schlafen. Um neun Uhr stehe ich meist wieder auf. Deshalb fühle ich mich an manchen Tagen schon wie ein Erdmännchen: Kurz ins Loch – und danach geht es wieder von vorn los. So struk-turiert sich mein Tag, bis mit siebzig dann wahrscheinlich noch das Mittmorgenschläfchen dazukommt. Womöglich lande ich irgendwann sogar bei fünf Schlafeinheiten, aber solange ich es als wohltuend und erfrischend empfinde, werde ich mir die Möglichkeiten schaffen, damit das klappen kann.

Massagen

Eine weitere kleine Pauseneinheit ist die Massage. Was das angeht, bin ich wirklich ein totaler Junkie. Massagen sind für mich das Beste von allem – und ich glaube, ich mache sie schon immer. Mit achtzehn habe ich damit angefangen. Damals hatten sie noch einen medizinischen Auftrag, heute empfinde ich sie als echte Me-Time, in der ich mich ausschließlich um mich kümmere beziehungsweise sich andere Leute ausschließlich um mich kümmern. Ich weiß, das ist zum Beispiel auch bei der Kosmetik so, aber Massagen sind eben noch schöner und obendrein noch richtig gesund. In den meisten Fällen machen Dinge, die gesund machen, nicht so richtig viel Spaß. Sie fallen eher unter Pflicht als Kür. Bei der Massage ist das anders: Massieren ist eine der ältesten Heilmethoden der Welt. Schon der römische Feldherr und Staatsmann Julius Caesar habe sich unter anderem wegen seiner starken Kopfschmerzen regelmäßig massieren lassen.

Massagen steigern die Durchblutung und versorgen die behandelten Regionen besser mit Nährstoffen. Sie können Gewebe-Verklebungen lösen, Lymphflüssigkeit abbauen, Muskeln entspannen und Schmerzen lindern. Außerdem helfen sie, Stress abzubauen und das Immunsystem zu stärken. Forscher haben festgestellt, dass nach einer Massage die Konzentration der Stresshormone abnimmt, die Anzahl der für die Immunabwehr zuständigen weißen Blutkörperchen aber steigt. Schon nach nur zehn Minuten Massage sind die positiven Effekte nachweisbar. Ich finde ja: Eine Massage kann nicht lang genug sein! Notfalls geht auch eine halbe Stunde, aber schöner sind natürlich zwei Stunden. Danach muss man direkt wieder schlafen – weil man so tiefenentspannt ist. Auf gar keinen Fall sollte man nach einer Massage arbeiten oder irgendetwas leisten wollen – das klappt nicht.

Am liebsten mag ich kräftige Massagen, also Masseure und Masseurinnen, die nicht nur ein bisschen über den Rücken streicheln. Wenn du die richtige Person gefunden hast, kann der Masseur des Vertrauens oder die Masseurin des Vertrauens eine wichtige Person deines Lebens werden. Ich habe eine bei der Kur, die ist ein Wunder, weil sie einfach alles wegbekommt! Aber da muss man auch ein wenig experimentieren, bis man die richtige Person und auch die richtige Massageform gefunden hat, denn da gibt es unzählige und ständig neue Möglichkeiten und Therapieformen.

Ich bin zum Beispiel auch ein großer Fan der Cranio-Sacral-Therapie, auch wenn man da nicht durchgeknetet wird wie bei einer klassischen Massage. Die Cranio-Sacral-Therapie ist eher eine Weiterentwicklung der Osteopathie. Durch sanfte Berührungen sollen die natürlichen Selbstheilungskräfte aktiviert werden. Gefühlt machen die Therapeuten eigentlich gar nichts, man denkt, die legen einem bloß den Finger auf den Nacken – und trotzdem entspannt sich sofort die komplette Nackenmuskulatur. Es ist irre, wenn man das erlebt! Zum Teil behandeln die Therapeuten sogar mit Abstand zum Kopf – und trotzdem baut sich spürbar Ballast ab. In Thailand hatte ich mal eine Behandlung, da war ich im Anschluss wie auf Drogen. Mir sind gefühlt fünf Kilo vom Kopf geflogen, obwohl mich die Therapeutin kaum angefasst hat. Danach saß ich beim Essen, hatte ganz viel Energie und war pausenlos am Plappern, fast so, als wäre ich auf Koks. Dabei waren das nur die heilenden Hände dieser Frau … Das ist schon sehr speziell. Ich stelle auch lieber gar nicht die Frage, warum das funktioniert. Die Dame konnte das eben – und es ist ja immer wichtig, sich mit Leuten zu umgeben, die etwas können. Für mich ist die Massage ein Entspannungs-Trick, der immer klappt. Und selbst nach einer schlechten Massage geht es mir besser als davor.

Lesen

Ich habe schon immer wahnsinnig gern gelesen. Als Schuljunge war mir Fiktion teilweise wichtiger als die Realität – ich bin in Büchern so richtig abgetaucht. Der amerikanische Regisseur John Waters, der siebzehn Jahre älter ist als ich und den ich sehr verehre, hat kürzlich in einem Interview gesagt, für ihn sei es die höchste Qualität im Alter, morgens aufzuwachen, zu frühstücken und Bücher zu lesen. So hätte mir das schon als Kind gefallen. Aber es ging ja nicht – ich musste in die Schule. Noch heute ist es für mich das Schönste, mich nach dem Frühstück mit einem Buch in den Sessel zu setzen und zwei Stunden zu lesen. Das klingt relativ einfach, tatsächlich kann man sich das aber nur an den freien Tagen erlauben, im Urlaub oder wenn man nicht mehr (so viel) arbeitet. Ich möchte das mit dem Lesen auf jeden Fall ausbauen, sobald ich mir dafür die inneren Räume geschaffen habe.

Allerdings gehöre ich nicht zu den Menschen, die sagen: »Mit Mitte sechzig nehme ich mir endlich den Proust und diese ganzen Weltbestseller vor.« Offenbar war es mir bislang nicht besonders wichtig, Proust zu lesen, sonst hätte ich es ja längst getan, also werde ich jetzt nicht damit anfangen. Ich halte das demonstrative Lesen aller vermeintlich wichtigen Bücher für eine unnötige Leistungsschau. Dieses: »Und jetzt noch mal Ulysses rückwärts.« Das ist nicht entspannend! Ich will nur das lesen, wozu ich Lust habe: eine bunte Mischung aus doofen Pop-Biografien und Literatur. Britische Forscher haben nachgewiesen, dass Lesen den Stresspegel um fast siebzig Prozent senken kann – schneller und effektiver als beispielsweise ein Spaziergang, Musikhören oder im Sessel gemütlich eine Tasse Tee zu trinken. Das glaube ich sofort. Und nebenbei senkt man sogar noch das Risiko, an Demenz zu erkranken, und verzögert die altersübliche Verkleinerung des Wortschatzes.

Wenn ich meinen Tag also demnächst ideal strukturieren darf, werde ich auf jeden Fall zwei Stunden lesen vor dem Mittagsschlaf einplanen, bevor es dann am Nachmittag ins Soziale geht und am Abend zum Zumba-Kurs. Ich glaube, dass man seine Lesezeit tatsächlich fest einplanen muss, weil sie sonst nicht stattfindet. Wenn man zum Beispiel sagt: »Ich nehme mir an diesem Wochenende gar nichts vor.« Dann macht man auch gar nichts. Und gerade das Lesen verdient es nicht, dass es einfach nur passiert, wenn sonst nichts passiert. Ich möchte das nicht hintanstellen, sondern mir feste Lesezeiten einrichten – zum Beispiel von elf bis dreizehn Uhr, damit nicht irgendwas oder irgendwer dazwischenkommt. Ich werde mir bei meinen Freunden und meiner Familie meine Lesezeiten genauso erarbeiten wie meine Handy-aus-Zeiten, weil ich das wertvoll finde und gute Stunden am Tag haben möchte.

Vielleicht fragen Sie, liebe Leserin und lieber Leser, sich inzwischen, ob ich ständig mein ganzes Leben so genau durchplane. Das mache ich tatsächlich – nicht im Kalender, aber im Kopf. Wenn ich meinen Tag gut strukturiere, führt das zur Entspannung, weil ich nicht so viel entscheiden muss. Viele leiden darunter, dass sie ständig viel zu viele Wahlmöglichkeiten haben und immer alles machen können: Um elf Uhr finde ich den Partner meines Lebens, um dreizehn Uhr gehe ich joggen, und danach mache ich den Sushi-Kochkurs, den mir alle empfohlen haben. Das bringt die Leute durcheinander. Das erzeugt Stress. Einen idealen Tag, an dem ich nicht arbeiten möchte, würde ich in meinem Kopf zumindest grob planen: aufstehen, frühstücken, lesen, sporteln, Mittagessen, Mittagsschlaf, dann kommt jemand zum Kaffee … Und am nächsten Tag noch mal das Gleiche. Denn auch Gleichförmigkeit finde ich entspannend. Leider kann ich aktuell noch nicht jeden Tag feste Pläne entwerfen, weil meine Arbeit immer alles durcheinanderwirft. Bis dahin lautet meine Regel: Eines nach dem anderen und nicht alles gleichzeitig. Auch das hilft mir, Ruhe in den Alltag zu bringen.

Faultage

Ein weiterer wichtiger Punkt in meiner Pausenplanung: sogenannte Faultage. Das sind Tage, an denen man wirklich gar nichts machen muss und – jetzt kommt die Kür – an denen das Handy ausgeschaltet wird. Das ist immer mein großer Spaß bei Freunden und Bekannten, wenn ich sie frage: »Wie lange kannst du dein Handy auslassen?« Es ist wirklich erschreckend: Viele schaffen das keinen einzigen Tag. Dabei spreche ich nicht von der Situation, dass die Mutter vielleicht im Krankenhaus liegt oder das Kind einen erreichen muss. Das verstehe ich alles.

Die brauchen alle Notnummern, unter denen sie einen immer ans Telefon bekommen. Ich meine dieses ganz normale Für-alle-erreichbar-Sein, Instagram durchgucken und die Whats-App-Nachrichten von vor zwei Wochen ein zweites Mal lesen und dabei denken: »Ach, die Gitte ist auch nett. Die rufe ich doch mal an.« Ich halte das Rumgedaddel auf diesem Gerät für extrem energieverschwendend. Das ist anstrengend, obwohl es sich gar nicht so anfühlt. Mich erinnert das an diese Spieleauto-maten, die früher in dreckigen Kneipen hingen, wo man darauf wartete, dass die drei Ananas kommen. Dieser Automat ist nun sozusagen in unser aller Taschen und singt, sprudelt, saugt dir Daten ab, macht deine Kommunikation – und muss mindestens einmal im Monat aus sein. Und zwar richtig aus.

Ich finde den einen Tag sogar noch zu wenig. Allerdings bin ich diesbezüglich auch ein Sonderling und benutze mein Handy fast ausschließlich zum Telefonieren. Das heißt: Ich te-lefoniere, und anschließend schalte ich es auch wieder aus, weil ich es überhaupt nicht leiden kann, bei einer Sache von etwas unterbrochen zu werden, das ständig blinkt und klingelt. Meine Freunde sind glücklicherweise alle gnädig mit mir und sprechen mir auf die Mailbox oder schicken eine SMS, weil sie wissen, dass ich mein Handy gern ausschalte. Mir ist auch bewusst, dass meine Haltung nicht ganz zeitgemäß ist. Aber ich mache eben gern eine Sache nach der anderen und mag es nicht, wenn zwi-schendurch der Steuerberater eine Frage hat oder ich bei einem schönen Abendessen Nachrichten über die Weltlage bekomme. Eines nach dem anderen. Und zwischendurch ein Schläfchen. Das ist mein Rhythmus!

Also: Mindestens an einem Tag im Monat das Handy aus-lassen, besser an zwei Tagen. Ganz toll wäre es am Wochenende. Die Leute packen sich den Samstag meist mit Aktivitäten voll: Es wird eingekauft, gebastelt, man macht Sport und trifft Leute. Wie aber wäre es mit dem Sonntag? Der genießt in Deutschland Schutz. Schon deshalb bietet sich der Sonntag als perfekter Faultag an. Dazu gehört aber auch, dass man den Liebsten sagt: »Beschäftigt euch mal mit euch selbst! Die Mutti macht die Tür zu.« Das ist nicht der Beginn einer Altersdepression, sondern der Rückzug ins Wesentliche. Du kannst die Bücher lesen, zu denen du sonst nicht kommst, könntest eine Netflix-Serie schauen – wobei für einen Faultag eine Dokumentation besser wäre, weil Serien immer diesen eingebauten Süchtigkeitsfaktor haben. Hauptsache, man macht irgendetwas, wozu man sonst nicht kommt. Aber mach es mit dir allein! Die Kinder, der Partner und die Welt bleiben draußen! Das halte ich für ausgesprochen gesund und wichtig, ist aber in dieser turbulenten Zeit oft schwer durchzusetzen. Wahrscheinlich findet einen das Umfeld sofort eigenbrötlerisch, wenn man einen Tag Ruhe haben will. Vielleicht schafft man zumindest einen halben Tag. Früher gingen viele Männer am Sonntag nach der Kirche zum Stammtisch, und Mutti hatte die Chance, ihren Laden zumindest kurz zu schließen. Heute sind die Männer zu Hause – und Ruhe hat keiner.

Dabei würde es allen guttun, einen Faultag einzulegen und sich zurückzuziehen. Man kann sich seinen Rückzugsraum auch ein wenig dekorieren – das Schlafzimmer oder das Arbeitszimmer, wenn man eines hat. Für den Raum, in dem ich mich erholen möchte, gilt: Es gibt nie zu viele Kissen oder zu viele Decken! Das kann gar nicht sein. Man kann im Leben immer noch ein Kissen oder eine Decke mehr vertragen. Das habe ich auch in der Wellness gelernt. Selbst in heißen Ländern

184

kommen sie noch mit einer dicken Decke an. Erst denkt man: »Das ist doch Quatsch!« Aber wenn sie da ist, freut man sich doch darüber. Genauso wie über noch eine weitere Nackenstütze.

Sowieso finde ich, dass die Deutschen mit ihren Ruheräumen, also meist den Schlafzimmern, viel zu stiefmütterlich umgehen. Die sind meist klein und wirklich nur zum Schlafen da. Aus anderen Ländern wie Amerika kenne ich es so, dass Schlafzimmer zu Räumen der Gesamtentspannung umgestaltet werden. Ich finde, das kann man auch mit einem kleinen deutschen Schlafzimmer machen, wenn man es ausreichend mit Kerzen, Kissen und Decken füllt. Also: Keine Zurückhaltung bei den Stoffen! Und immer noch eine Decke drauf! Man sollte wirklich versuchen, ein bisschen Liebe auf dieses Zimmer zu verwenden, denn es ist nicht nur zum Schlafen da, sondern der Raum, in dem wir uns erholen sollen. Unser Faultag-Raum, in dem ich es mir so richtig muckelig mache – wie der Rheinländer sagt. Ich bringe mich in einen Embryo-Zustand und mache nur, was mir gefällt und guttut. Und der Partner muss bis zur Nachtruhe draußen bleiben. Wenn ich dann am Abend aus meinem Zimmer komme, fühle ich mich fast wie nach einem Urlaub.

Der Urlaub

Die größte Form der Pause ist der Urlaub. In meinem Freundeskreis bin ich dafür bekannt, dass ich jedem zum Urlauben rate. Ich sage auch jedem meiner Mitarbeiter: »Hoffentlich

fahren Sie im Urlaub weg!« Aber gerade in den Führungs-
positionen habe ich eher Leute, die an diesem Punkt abwin-
ken: »Ich kann jetzt nicht wegfahren!« Und ich als Chef finde
mich dann ein bisschen lustig, wenn ich darauf bestehe: »Du
musst aber wegfahren!« Ich freue mich natürlich darüber, dass
meine Mitarbeiter sich der Sache so intensiv widmen, dass
ich das aushebeln muss. Aber ich weiß auch, wie wichtig Urlaub ist. Amerikanische Forscher haben über 20 Jahre mehr als
12 000 Menschen begleitet und festgestellt, dass diejenigen, die
selten Urlaub machen, eine höhere Wahrscheinlichkeit haben,
an einem Herzinfarkt zu sterben. Regelmäßige Urlaube dagegen verringern das Risiko. Na, wenn das kein Ansporn ist!
Zudem arbeiten Menschen nach einem Urlaub besser, sie können besser Probleme lösen und sind doppelt so kreativ.

Mir ist mein Urlaub sogar so wichtig, dass ich spätestens am
Ende des einen Urlaubs bereits den nächsten plane. Dann ist
man noch in der richtigen Stimmung, weil man gerade erlebt
hat, wie gut einem die Auszeit getan hat und wie schön sie wieder war. Außerdem hat man ausreichend Zeit, sich etwas Pas-
sendes zu suchen und ist noch nicht gestresst. Am besten gleich
das Hotel, den Zug oder den Flug fest buchen, in den Kalender
eintragen und – ganz entscheidend! – drin stehenlassen! Das ist
bei uns Freiberuflern manchmal schwierig, weil immer irgendetwas Neues passiert. Bei mir kommt zum Beispiel garantiert –
kurz bevor der Urlaub startet – irgendein spannendes Jobange-
bot. Immer! Das ist der himmlische Test! Als ob eine höhere
Macht mich noch einmal testen und von mir wissen möchte:
Brauchst du diesen Urlaub auch wirklich? Wir Deutschen denken dann häufig: »Brauchen ist so ein großes Wort, ich hätte
ihn halt gern.« Und dann verzichten wir darauf. Das darf man

nicht! Sonst war man plötzlich ein halbes Jahr nicht im Urlaub – und das ist schade, weil Massagen, Faultage und Mittagsschläfchen natürlich keinen echten Urlaub ersetzen können.

Für mich beginnt Erholung grundsätzlich mit dem Gefühl, nichts machen zu müssen. Das bedeutet nicht, dumm herumzufläzen, sondern einfach: keine Punkte auf der Agenda zu haben, die abzuarbeiten sind, eben einen leeren Kalender. Da ich viel arbeite und immer viel gearbeitet habe, mag dieser Wunsch bei mir extrem ausgeprägt sein. Aber ich glaube eigentlich, dass eine Rewe-Verkäuferin das genauso empfindet. Die will auch mal die Tür schließen, Ruhe haben und in sich schauen. Für mich fängt Herunterfahren immer mit einer Innenschau an – nicht existenzialistisch oder buddhistisch. Ich nehme einfach wahr, wie mein Gehirn in den ersten Tagen noch rattert. Im Yoga heißt das Monkey Mind – ich finde, das ist eine sehr treffende Bezeichnung. Oder der deutsche Begriff »Gedankenkarussell«: Es rattert, rattert, rattert, und man erinnert sich an tausend Dinge. Doch irgendwann wird es leiser, dann hört es auf, und darunter kommt die Ruhe. Und man freut sich wieder mehr auf den Blick nach draußen, über die schönen Berge oder das Meer.

Aber auch hier: Vorsicht! Wenn ich Leute manchmal frage: »Was habt ihr so gemacht?« Und dann waren die Urlaubstage vollgestopft mit Fitness-Aktivitäten, Bingo-Spielen, Bauchtanz-Gruppen und am Abend noch einem Vortrag über das Nordlicht – das klingt für mich wie die Kreuzfahrt der Hölle, wo man den ganzen Tag mit Aktivitäten zugepflastert wird und am Ende todmüde und leicht angetrunken in die Koje taumelt. Wann soll ich mich von diesem Urlaub erholen? Auch da unbedingt aufpassen! Das Programm nicht zu dicht planen! Bei Stadtbesichtigungen genau überlegen, was man sehen möchte.

Ich erinnere mich, dass mein Vater mit siebzig einmal fragte: »Wie viele Kirchen muss ich mir eigentlich noch angucken?« Selbstverständlich bietet jede italienische Kleinstadt eine hübsche Kirche – und natürlich sind die sehenswert, haben eine wohlige Atmosphäre und schöne Bilder. Letztlich sind es aber immer dieselben Motive. Wie oft Jesus und Maria, Mutter mit Kind muss es denn sein?

Jede Stadt rüstet touristisch auf. Jede sagt: »Wir haben noch ein Erlebnis-Brauerei-Bergwerk. Und hinten steht noch eine riesige Wasserrutsche.« Muss ich das wirklich alles sehen? Nein! Denn ich habe mit sechzig schon sehr viel gesehen und erlebt. Und eigentlich müssten die Sehenswürdigkeiten im Urlaub getoppt oder zumindest erreicht, aber auf gar keinen Fall unterschritten werden, damit ich mich aufraffe, wenn ich doch eigentlich gerade lieber faul an der Bar sitzen möchte. Nach dem Taj Mahal, dieser spektakulären indischen Grabmoschee, wird es für die nächste Kirche schwierig, da mithalten zu können. Natürlich gibt es bayerische Barockkirchen, die trotzdem mein Herz erfreuen. Aber nur, wenn ich darauf Lust habe. Man muss aus dem Urlaub den Zwang entfernen! Und jede Sehenswürdigkeit muss des Gesehenwerdens auch würdig sein. Die sind kein Pflichtprogramm! Manchmal gibt es im Urlaub Leute, die ins Internet gucken und anschließend durch Pisa hetzen, als wäre es Rom. Pisa ist aber nicht Rom. Pisa ist nur Pisa. Und da gibt es den Turm und noch zwei oder drei andere nette Anlaufpunkte – und danach kann man sich ins Restaurant setzen oder für den Mittagsschlaf im Hotelbett versinken.

Womit wir schon bei einem weiteren zentralen Thomas-Fetisch neben Disco, Abba-Musik und Champagner ankommen: Hotels. Ich bin der größte Hotel-Fan, den ich kenne. Ich möchte, dass die Hotellerie und die Taxiindustrie auf meinem Grabstein stehen – so in der Art: Er fuhr viel Taxi und schlief gern in Hotelzimmern … Was ein Hotel bietet, ist die komplette Entbindung von der Pflicht, irgendetwas zu entscheiden. Man geht in ein Hotelzimmer, und es ist alles da, was man braucht. Man muss weder das Bett beziehen noch bügeln oder waschen. Und diese Neutralität des Hotelzimmers lässt einem die Luft, völlig bei sich zu sein. Das ist ein Raum, der gar nichts mit mir zu tun hat, den ich ganz neu beleben kann. Dekorieren oder nicht – wie ich es will. Das hilft mir bei der Erholung.

Ich kenne auch Leute, die auf Urlaub zu Hause schwören. In Italien sagen die Menschen oft, sie würden verreisen, schließen die Haustür zu und machen Urlaub in den eigenen vier Wänden. Wenn das den traurigen Hintergrund hat, dass die Menschen sich eine Reise nicht leisten können, es aber vor Nachbarn und Freunden nicht zugeben wollen, tut mir das leid. Ist der Heimurlaub aber bewusst gewählt, finde ich die Vorstellung sehr angenehm, dass keiner einen zu Hause erreichen kann. Dazu noch das Handy aus. Dann schafft man es vielleicht sogar, das Regal umzuräumen, das man schon längst umgeräumt haben wollte. Oder was immer einem dann einfällt … Nach einer Woche Urlaub sollte man die Erholungsstufe 1 erreicht haben, Stufe 2 nimmt man nach zwei Wochen – danach könnte man theoretisch schon wieder arbeiten. Und wenn man es jetzt noch schafft, eine dritte Woche dranzuhängen, kommt man richtig erholt zurück. Sage ich. Die Wissenschaft diskutiert das noch. Einige Studien stützen meine These. Andere kommen zu dem Ergebnis, es sei besser kürzer, aber dafür häufiger zu verreisen. Vielleicht muss auch das jeder für sich selbst herausfinden. Ich bin mittlerweile schon bei zwei Monaten Winterurlaub – mir ist bewusst: Das ist Luxus. Und schon ein bisschen der Übergang zur Rente. Wenn man gut Urlaub machen kann, kann man auch gut Rente, glaube ich. Auf jeden Fall laden mich diese wochenlange Absichtslosigkeit, Planlosigkeit und Nichterfüllung jedes Mal so auf, dass ich danach eine Energie habe, dass meine Freunde Angst bekommen. Dann folgt nämlich eine Woche nur mit Theater, Kultur und Produktivität, die ich richtig genieße. Sogar ohne Mittagsschlaf!

Übrigens gilt im Urlaub – und das ist wissenschaftlich bewiesen: Das Handy muss aus! Je mehr E-Mails und Kurznachrichten geschrieben werden, desto weniger kann man abschalten und desto geringer ist die Erholung!

Der Kurztrip

Wer den Wissenschaftlern glaubt, die mehrere Kurzurlaube empfehlen, oder es aus Zeit- oder Geldgründen nicht schafft, mehr als einmal im Jahr länger in den Urlaub zu fahren, der könnte vielleicht alle drei Monate ein verlängertes Wochenende einplanen. Das ist sozusagen der Mittagsschlaf der Urlaubsplanung. Ein bisschen mehr, als man sonst hat – mit einem deutlichen Erholungseffekt, wenn man es einfach hält, etwas in der Nähe bucht, ohne Stress und mit leichtem Gepäck reist. Vielleicht sogar mit dem Fahrrad und dem Zelt, wenn einem das gefällt. Hauptsache, man kommt zwischendurch mal raus, sieht und erlebt etwas anderes. Und auch den Kurztrip plant und organisiert man am besten lange im Voraus – oder vielleicht auch, wenn es einem gerade nicht so gut geht. Denn ich habe gelesen, dass sich schon die Planung eines solchen Trips positiv aufs Gemüt auswirken kann. Vielleicht könnte man sich damit in einen ständigen Vorfreude-Modus bringen. Bei mir funktioniert das …

Die Kür: die Kur

Ich fahre am liebsten zu Kuren, wo alle mindestens zehn Jahre älter sind als ich, weil ich es super finde, endlich mal wieder irgendwo der Jüngste zu sein. Schlagartig ist man der junge Hund und fühlt sich schon allein deshalb gleich besser. Außerdem sieht man andere Körper in der Sauna und andere Gebrechen und macht sich mal wieder bewusst: »Schau nicht zurück, wie es mal war, sondern freue dich darüber, wie es noch ist.« Für mich gibt es nichts Reinigenderes, als für eine Woche konsequent gesund zu essen, Massagen zu bekommen und Sport zu treiben. Wann sonst konzentriert man sich nur auf seinen Körper? Mir hat das schon immer Spaß gemacht. Und ich könnte mir vorstellen, dass ich ab sechzig den Schritt von der Kur einmal im Jahr zu zweimal im Jahr mache, also eine Frühjahrs- und Herbstkur. Die vielen Älteren, die mit mir kuren, empfehlen sogar zwei oder drei Wochen. Aber das schaffe ich noch nicht. Ich glaube, das ist das, wo es mal hingehen soll. Vielleicht ab siebzig.

Früher bin ich gern direkt vom Karneval in die Kur gefahren – zum Ausnüchtern, Entgiften und Entschlacken. Dafür suche ich mir immer Kuren aus, die nicht so buddhistisch-asiatisch-schmeichelhaft sind, sondern eher etwas handfester. Ich sage mal: Dort herrscht ein etwas strafferer Ton. Man muss nicht angeschrien werden, aber Regeln sollten schon konsequent vertreten werden, damit ich mich denen füge. Außerdem kure ich grundsätzlich gern außerhalb Deutschlands, damit ich nicht plötzlich mit Senta Berger auf den Aufguss warte – so nett das sicher wäre. Ich vermute, solche Begegnungen könnten meinen Kurerfolg stören …

Deshalb fahre ich vorzugsweise nach Österreich in eine schöne Kurklinik. Sobald ich dort die Lobby betrete, habe ich das Gefühl, dass mein Körper weiß, was jetzt passiert: jeden Tag Massage, Yoga, laufen und wahnsinnig viel schlafen. Ich schlafe dort die ganze Zeit wie ein Baby, wodurch ich gelernt habe: Unter der normalen Müdigkeit gibt es noch eine! Eine tiefere Müdigkeit, die mich jede Nacht von 22 Uhr abends bis morgens schlafen lässt. Das ist erstaunlich. Zumal ich in meiner Kurklinik auch tagsüber nach jeder Massageeinheit schon eine Stunde schlafe. Im Grunde ist mein Rhythmus dieser: Ich stehe auf, mach was, leg mich sofort wieder hin, mach wieder was, leg mich sofort wieder hin … Dadurch werden meine Batterien wirklich grundsätzlich aufgeladen – und das ist schon die halbe Miete, finde ich. Das eigentliche Hauptziel der Mayr-Kur ist aber die Sanierung des Darms beziehungsweise des sogenannten Mikrobioms, unserer Darmbakterien, die uns nachweislich vor Demenz, Krankheitserregern und Übergewicht schützen, glücklich und wach machen und für eine strahlende Haut sorgen können. Und wenn Sie jetzt denken: »Das alles sollen meine Darmbakterien erledigen? Das geht doch gar nicht!« – dann liegen Sie falsch. Im Darm liegt tatsächlich die Schaltstelle für unsere Gesundheit. Und deshalb bin ich gern bereit, jeden Bissen zwanzigmal zu kauen – auch wenn ich mich zwischendurch wie eine widerkäuende Kuh fühle. Auch das Einspeicheln zum Vorverdauen im Mund gehört zur Mayr-Kur. Liest man nicht gern, aber es hilft der Verdauung, wenn man alles gut kaut und einspeichelt. Und den Darm zumindest mal für eine Woche im Fokus zu haben halte ich für ein gutes Rezept für Gesundheit im Alter – endlich mal den ganzen Kaffee und Alkohol rausspülen, das ist bei mir auf jeden Fall sehr, sehr hilfreich. Das spüre ich im ganzen Körper. Spätestens am dritten Tag zeigt die Entgiftung erste Erfolge – dann werde ich grantig. Diese Phase hat sogar einen Namen: Das ist die Kurkrise. Das Gift wird aus dem Körper gespült, und ich spüre schlechte Laune. Das ist jedes Mal gemein, weil die ersten beiden Tage so sonnig sind. Aber die Krise dauert nur zwei Tage, dann geht sie vorbei, und das Ziel ist erreicht.

Ich habe auch schon mit meinem Mann zusammen in Asien gekurt. Ayurveda in Indien geht auch, ist aber ein bisschen anders. Außerdem habe ich vor Kuren im Ausland immer einen großen Respekt, weil es eben doch eine ganz andere Kultur ist. Wahrscheinlich muss man zwei Monate vor Ort sein, damit sich der Körper so richtig anpassen kann. Ich kenne Leute, die haben bei ihren asiatischen Ayurveda-Kuren Darmspülungen gemacht und waren danach so dünnhäutig, dass sie gleich nach ihrer Ankunft in Deutschland krank wurden. Da war die ganze Schicht abgebaut, die einen schützt. Ich finde, man muss mit solchen Eingriffen sehr vorsichtig sein. Deshalb bleibe ich für eine Kur lieber in der eigenen Klimazone, und ich möchte dafür auch nicht zwölf Stunden fliegen. Das mach ich nicht.

Team Thomas: Kurarzt Dr. Peter B. Barth

Meinen Kurarzt, auch wieder ein Arzt meines Vertrauens, kenne ich seit acht Jahren, was ich wirklich sinnvoll finde: Der sieht mich einmal im Jahr und hat dadurch einen sehr guten Überblick darüber, wie sich mein Körper verändert. Außerdem macht Dr. Barth jedes Mal zu Beginn meiner Kur ein Foto von mir und dann wieder kurz vor der Abreise. Auf diesem Vorher-Nachher-Vergleich sieht man sehr eindrucksvoll, wie sehr sich innerhalb von sieben Tagen mein Gesichtsausdruck und das gesamte Hautbild verändern. Ich sehe frischer und belebter aus – und alles ohne Botox. Das finde ich faszinierend, und es motiviert mich wiederzukommen, da die Kur mir offensichtlich guttut.

Ab sechzig muss man längere Pausen machen – und gern auch mal eine Kur. Warum ist das wichtig?

Mit zunehmendem Alter verändert sich die Immunitätslage. Wir können unser Immunsystem aber durch eine gute Lebensführung in Schuss halten – durch eine ausgewogene Ernährung, Bewegung und ein gutes Stressmanagement. Herr Mayr hat das früh verstanden und seinen Ansatz von Schonung und Säuberung des Verdauungstraktes – zu dem auch die Schulung, das Gewöhnen an gründliches Kauen gehört – in ein europäisches System überführt.

Ich habe einmal Ayurveda in Indien gemacht. Aber es fühlt sich für mich einfacher an, wenn ich mich nicht auf andere Zeitzonen und Klimazonen einstellen muss.

Ayurveda hat eine jahrtausendealte Geschichte und ist sehr stark kulturell und religiös beeinflusst. Mayr ist dagegen sehr strukturiert und schulmedizinisch. Ayurveda war ursprünglich für die obersten Kasten vorgesehen, Mayr für die breite Masse.

Worum geht es bei der Mayr-Kur?

Es geht darum, im menschlichen Organismus die Selbstheilungskräfte zu aktivieren, denn wir haben ein wunderbares System mit der Fähigkeit der Regeneration. Ein weiterer wichtiger Begriff ist die Psychoneuroimmunologie. Es gibt einen lieben Kollegen in Innsbruck, der aus Deutschland kommt, Professor Christian Schubert. Der versucht, dieses Denken in der Medizin zu verankern – weg von der symptomorientierten und hin zur kausalen Medizin. Also ganz einfach gesagt: Wenn Sie unter Stress leiden durch viele Produktionen, Aufträge und Abgabetermine, reguliert Ihr Immunsystem herunter, Sie werden eher krank. Wenn Sie sich pudelwohl fühlen, gesund leben, auf Ernährung und Bewegung achten, stärken Sie Ihre Immunabwehr.

Ich bin jemand, der eigentlich alles ausprobiert und guckt, was passiert. Ich glaube, ich habe einen ganz guten Kontakt zu meinem Körper, und deshalb komme ich schon so lange zu Ihnen, weil ich merke: Das fühlt sich sehr schnell sehr gut an. Trotzdem habe ich immer das Gefühl, ich mach es nicht lang genug. Was ist die ideale Kurlänge?

Eine gute Kur braucht ihre Zeit, das heißt, man braucht ein paar Tage, um hineinzukommen, dann braucht man eine Stabilisierungsphase und eine Ausleitungsphase. Idealerweise sind das drei Wochen, wobei man die Kur ja auch zu Hause fortführen kann.

Das stimmt. Mein Vorsatz war eigentlich, demnächst zweimal im Jahr zu kommen.

Das hängt immer von der individuellen Situation ab. Haben

Sie keine Symptome und fühlen sich pudelwohl, ist der Bedarf selbstverständlich anders, als wenn Sie an Übergewicht, Diabetes und Bluthochdruck leiden. Im Regelfall würde ich sagen, wenn man einmal pro Jahr eine dreiwöchige Kur mit einer mindestens einwöchigen Fortsetzung zu Hause macht – also einen Monat Regulation, Regeneration, Entgiftungstherapie –, dann reicht das. Hat man eine Gewichtsreduktion als Ziel, machen Wiederholungen in kürzeren Abständen Sinn. Langfristig geht es uns immer um eine Verhaltensänderung, die das gesamte Leben betrifft. Unsere Gäste sollen lernen, gesünder und damit besser zu leben.

Ich gestehe, dass ich die Kur oft vor Dreharbeiten lege, um die drei Kilos, die Fernsehkameras draufpacken, vorher zu verlieren. Aber ich lerne auch viel und esse sehr lecker.

Wir haben mittlerweile ein sehr umfassendes Verständnis, wie entscheidend der Darm als zentrales Steuerorgan ist. Das hat Mayr eigentlich schon vor hundert Jahren sehr visionär und klar erkannt – mit den Möglichkeiten seiner Zeit. Heute arbeiten hier ausgebildete Schulmediziner mit Zusatzausbildungen, wodurch sich im Laufe der vergangenen Jahrzehnte viel Wissen angesammelt hat und Fehler der Anfangszeit korrigiert wurden. Wir praktizieren eine topmoderne Medizin und wissen – und das hat sich mittlerweile ja auch im Mainstream manifestiert –: Wer seinen Darm entgiftet, kann sich viel Leid ersparen.

Das ist ein sehr gutes Schlusswort, und das motiviert mich. Ich freue mich jetzt schon wieder auf unser nächstes Wiedersehen.

9. Kapitel: Partnerschaft und Liebe

Gerade neulich habe ich gelesen, dass die späten Trennungen zunehmen. Klar: Menschen werden älter, da wollen sie es sich am sogenannten Lebensabend auch nett machen – und sich nicht neben ihren Partnern zu Tode langweilen oder sich über sie zu Tode ärgern. Jeder sechste Scheidungsfall geht wohl inzwischen schon auf ältere Paare. (Und das ist die gute Nachricht für Singles über sechzig: Die sind dann wieder auf dem Markt.)

Ich bin überzeugt, ein Katalysator für die Zunahme der Trennungen ab sechzig ist der Eintritt in die Rente. Auch die Psychologie bezeichnet diesen Lebensabschnitt als krisenanfällige Phase. Dann hat sich beispielsweise die Frau um Kinder und Haushalt gekümmert – und plötzlich sitzt der Alte zu Hause und weiß nichts mit sich anzufangen. Also redet er der Frau in alles rein, die das aber nicht will. Oder es haben beide gearbeitet, und sie wissen nun beide nichts mit sich und der freien Zeit anzufangen. Ich kenne allerdings auch Genießer-Paare, die wie wir keine Kinder haben und sich nun darauf freuen, ein bisschen um die Welt zu fliegen. Ich finde, SO sollte es sein! Wenn man erst einmal gemeinsam die Sechzig erreicht hat, sind die Hauptkonflikte doch eigentlich geklärt.

Man hat die sogenannte Midlife-Crisis, die meist zwischen vierzig und Mitte fünfzig auftritt, überstanden – und das ist neben Renteneintritt und Pubertät immerhin die dritte offiziell krisenanfällige Phase unseres Lebens. Gerade Männer rufen dann gern jüngere Frauen in ihr Leben – da tun mir immer die ersten Ehefrauen leid. Das ist klischeehaft und in unzähligen Hollywood-Filmen hinreichend auserzählt worden, aber in dieser Zeit sind die Männer tatsächlich oft so blöd, dass der Sportwagen, das Stand-up-Paddling und der jugendliche Haarschnitt kommen, und jeder Außenstehende denkt: »Menschenskind!«. Bei vielen Paaren um mich herum, die lange zusammen sind, habe ich die Vierziger und Fünfziger als heiß und fettig erlebt – aber mittlerweile sind die Beziehungen ruhiger. Man kennt seinen Partner gut und weiß, wie er oder sie tickt. Die meisten Brandherde sind entfernt, und man muss nicht mehr so tun, als wäre man die heißeste Biene an der Bar. Das war alles vor sechzig, das hat man nun geschafft und muss sich nichts mehr beweisen. Man hat nicht mehr so viele Unsicherheiten über sich, über den Partner. Man kennt sich mit dem Leben aus. Und wenn die Frau plötzlich ihr eigenes Schlafzimmer haben will, fragt man sich mit vierzig vielleicht noch: »Hat die mich nicht mehr lieb?« Mit sechzig ist das kein Thema mehr. Und wenn jemand sagt: »Ich habe dich lieb, aber ich fahre mal eine Woche allein weg«, dann ist das auch kein Thema. Konflikte, Eifersucht und Verlustängste sind eigentlich gegessen. Und wenn man jetzt noch darüber hinwegkommt, dass man sich plötzlich in der Straßenbahn setzen soll, weil man so alt gefunden wird, dann kann das eigentlich ganz nett werden. Deshalb mein Hoch auf diese neue Dekade! Ich weiß: Das sind Vorschusslorbeeren. Aber ich male mir aus, dass es so wird: »Wir kennen uns, wir lieben uns, wir sind fit – lass es uns nett machen!«

Damit das auch klappt

Mein Mann und ich haben gerade unser dreißigjähriges Jubiläum gefeiert. Natürlich wollen immer alle wissen, was das Rezept für dreißig Jahre glückliche Partnerschaft ist – und weil sie tatsächlich drei Jahrzehnte glücklich war, verstehe ich, dass alle das Rezept haben wollen. Aber das gibt es so natürlich nicht. Dafür fallen mir viele Punkte ein, die es uns einfacher gemacht haben. Wir haben uns 1992, also in dem Jahr kennengelernt, in dem wir beide unsere Projekte gestartet haben: Ich fing mit dem Quatsch Club an und Wolfgang mit den Netzpiloten. Wir waren also in der gleichen Lebensphase, hatten unser Studium hinter uns und waren gerade ein bisschen in Hamburg angekommen. Unsere Projekte sind quasi gleichzeitig über diese dreißig Jahre gewachsen. Das ist schon fast gruselig, wie immer seine Firma einen Schritt gemacht hat, dann wieder meine Firma. Obwohl wir nicht in derselben Branche waren, passierte diese Entwicklung von einer Idee zu einem lebensbestimmenden Arbeitsumfeld parallel. Das war und ist für eine Partnerschaft natürlich ideal – das kann man aber nicht erzwingen, das hat sich so ergeben, weil es in den Neunzigern sowohl im Digitalmarkt losging als auch beim Privatfernsehen. Das heißt: Es boten sich Möglichkeiten, die nichts mit uns zu tun hatten, wodurch unsere Projekte aber überall auf Gehör stießen und auf Strukturen, die etwas suchten und etwas brauchten. Bald musste er Leute anstellen, ich musste Leute anstellen, er musste Firmenchef werden, ich musste Firmenchef werden – es wuchs und wuchs und wuchs.

Dann kam der Stadtwechsel: Wir sind nach Berlin gezogen, als unsere Projekte auf der Schiene waren. Ich vergrößerte mich noch einmal, weil ich nun ein eigenes Theater hatte und noch mehr Angestellte brauchte. Diese Parallelität im Berufsleben hat unsere Beziehung belebt, weil uns immer zur selben Zeit dieselben Themen umtrieben. Dadurch hatten wir ständig Gesprächsthemen, stießen auf ähnliche Probleme und suchten gemeinsam nach Lösungen. Wir hatten Glück – so etwas passiert natürlich nur sehr selten. Dieses parallele Wachsen sorgte dafür, dass es nie langweilig wurde, weil immer etwas los war. Ruhepausen mussten von mir vehement eingefordert und auch durchgezogen werden. Das heißt, wir waren immer viel unterwegs und konnten uns ständig besprechen und gemeinsam neu ausrichten. Wir haben keine Kinder, nach denen sich alles richtete. Als wir damals zusammenkamen, war das nicht so wie bei den jungen schwulen Paaren heute. Die können sich fragen: »Wollen wir ein Kind, oder wollen wir es nicht?« Das ging bei uns gar nicht. Es ist heute noch schwierig mit der Adoption und allem, was dazugehört. Aber als das irgendwann legal möglich war und Patrick Lindner mit Mann und Kind von der BUNTEN lächelte, waren wir beruflich sehr eingespannt und kurz vor vierzig und hätten wahrscheinlich auch als Hetero-Paar gesagt: »Das passt jetzt nicht und ist ein bisschen spät.« Zu dem Zeitpunkt im Leben, in dem man normalerweise überprüft, ob man einen Kinderwunsch hat, haben wir uns die Frage gar nicht gestellt, weil es legal nicht möglich war.

Für uns wurden unsere Firmen unsere Kinder. Nicht, dass

Kinder Projekte wären, aber auch in der Kindererziehung müssen fortwährend gemeinsame Entscheidungen getroffen werden. Und wie Eltern, die sich stolz über ihren Nachwuchs unterhalten, sprachen wir über unsere Firmen. Nur konnten wir die am Abend immer zuschließen – das können Eltern natürlich nicht. Dafür werden uns unsere Firmen mit achtzig keinen Kaffee bringen oder unsere Überraschungs-Geburtstagsparty zum Achtzigsten organisieren ... Trotzdem glaube ich, dass diese gesamte Konstellation einen Anteil daran hat, dass es mit uns so gut funktioniert.

Das andere ist – darüber habe ich jetzt noch einmal länger nachgedacht: Wolfgang ist in vielen Dingen ein Vorbild für mich. Er hat zum Beispiel viel bessere Manieren als ich. Er ist einer der höflichsten Menschen, die ich kenne. Er macht zuverlässig Dinge, bei denen ich leider schlunzig bin. Er schreibt nach Feiern oder Geburtstagen Dankes-E-Mails, merkt sich Geburtstage und verschickt so viele Blumensträuße, dass auf seinem Grabstein eigentlich etwas mit Fleurop stehen müsste. Was der durch die Gegend schickt an Dankessträußen, Erinnerungssträußen, Geburtstagssträußen – das ist enorm! Wolfgang ist vom Sternzeichen her Jungfrau und daher viel strukturierter als ich fluffiger Fisch.

Ich finde, es hilft, wenn der Partner sich besser benimmt als man selbst. Ich mag das lieber, als wenn es andersherum wäre und ich immer das Gefühl hätte, ich müsste jemand anderen mitziehen oder auf mein Niveau bringen. Das finde ich beeindruckend an meinem Mann. Und wie er sich optisch hält, ist schon fast gruselig. Er ist jetzt Ende fünfzig – und sieht aus wie vierzig. Allerdings macht er auch viel dafür. Wolfgang ist viel sportlicher als ich und lebt auch gesünder – aber ich nehme ihm das nicht übel. Ich werfe ihm auch nicht vor, dass er dreimal pro Woche zum Hanteln geht – und ich nur einmal. Ich bin mir sicher, dass seine Gesundheitsstatistik immer besser ist als meine. Auch diesbezüglich ist er mir ein Vorbild. Wenn er weniger Champagner trinkt als ich, ist das für mich auch kein Grund, muffig zu werden. Ganz im Gegenteil: Es ist schön, wenn man jemanden vor sich hat, der das Leben einen Tick besser meistert als man selbst. Seine Work-Life-Balance ist besser als meine. Er ist ausgeglichener, während ich mehr Kurven in meinem Tagesablauf habe. Ich neide ihm das aber nicht. Das ist auch ein Teil des Rezepts. Und dann haben wir uns wirklich in der ganzen Zeit auch nur anderthalbmal gestritten. Wir freuen uns jeden Morgen, wenn wir uns ins Gesicht sehen. Und wir sagen uns auch, dass wir uns freuen.

Neuerdings passiert es mir manchmal, dass ich schnaufe beim Hinsetzen. Wenn ich das merke, verkneife ich mir das, weil es ein typisches Altersgeräusch ist. Und ich verkneife mir das nicht nur im Büro, Theater oder Restaurant vor irgendwelchen Leuten, sondern auch und erst recht zu Hause. Ich finde, die Regel muss lauten: Man muss sich vor seinem Partner so gut benehmen wie beim Vorstellungsgespräch. Das empfiehlt die Höflichkeit. Wer vor seinem Partner oder seiner Partnerin nachlässig wird, der behandelt die Partnerschaft, als führe man sie nicht mit dem Menschen, dem man am meisten Gutes tun will. Das ist eine riesige Gefahr! Man muss sich nicht für jedes heimische Abendessen mit seinem Partner schön anziehen, aber wenn man immer so tut, als wäre eine langjährige Beziehung die Erlaubnis nachzulassen, dann wird sich das irgendwann rächen. Man will geschätzt werden, also sollte man sich mindestens so gut benehmen wie bei seinem Steuerberater. Oder finden Sie, der Partner sollte unter den Status des Steuerberaters rutschen? Aus Liebe? Das ist kein plausibles Argument, würde ich sagen. Und auch das sehen und leben Wolfgang und ich beide so.

Wenn es nun in Richtung Rente geht, müssen wir darüber reden und neue Pläne schmieden: Wie gehen wir in die Zeit nach der Arbeit? Haben wir dieselben Vorstellungen? Auch dieselben Interessen? Gerade weil die Arbeit unser Leben dominiert hat, wird es spannend, wenn das nun vielleicht weniger wird oder aufhört. Ich habe das Gefühl, dass wir gleichzeitig frei entscheiden können, was wir machen wollen. Das ist schon mal super. Wirtschaftlich sind wir an einem Punkt, an dem wir nur noch das tun müssen, was wir tun wollen – als Doppelverdiener ist es eh einfacher. Auch das ist gut. Nun müssen noch die Vorstellungen von dem, was kommen soll, zusammenpassen. Es könnte sonst passieren, dass Wolfgang vor mir steht und sagt: »Ich mache einen Weinberg.« Oder er will mit einer Yacht die Welt umsegeln. Oder mit dem Camper los, weil er plötzlich sagt: »Ich wollte immer zelten.«

Es können schreckliche Ideen auftauchen – nicht nur beim Partner, sondern auch bei einem selbst. Wir tasten uns gerade langsam vor und fragen: »So, was machen wir denn? Wo und mit wem wollen wir denn sein?« Da macht man schon die Pandora-Büchse auf. Wenn Wolfgang jetzt die wilde Idee hätte: »Ich mache jetzt noch mal eine Firma auf mit sechzig, die an die Börse geht, wenn ich siebzig bin.« Dann müsste ich mir überlegen, wie das zu meinem Mehr-Pausen-Plan passt. Und zu meiner Amsterdamer oder Troisdorfer Jugend-Musicalgruppe. Ich habe aber das Gefühl, dass wir mit unseren Vorstellungen wieder vollkommen synchron liegen: Das Reisen ausbauen und gern mal mit einem Projekt in einer anderen Stadt sein.

Trotzdem bin ich mir sicher, dass auch wir uns noch einmal anders kennenlernen werden, wenn der Kalender nicht mehr jeden Tag voll ist. Und ich bin wirklich gespannt, ob unsere Synchronität so erhalten bleibt, wie das bislang war. Weil jetzt dieser neue Faktor dazukommt: Wir könnten alles zusammen machen. Wir haben zum Beispiel noch nie richtig zusammen ein Projekt umgesetzt. Wir könnten auch sagen: Wir eröffnen gemeinsam das Boutique-Hotel. (Also: bloß nicht!!! Aber es wäre ja möglich.) Vielleicht schmeißen wir auch unsere Expertisen zusammen, weil sich irgendwo eine Gelegenheit ergibt, dass er mit seinem digitalen Know-how und ich mit meinem Show-Know-how zusammen etwas bewegen können. Es wäre interessant, das auszuprobieren. Wenn man zusammenarbeitet, lernt man sich als Paar auch noch einmal anders kennen – und wir haben noch nie zusammengearbeitet. Mal gucken, was noch kommt. Ich glaube, wir wären mittlerweile beide so gelassen, das zu versuchen. Das hätte ich mir mit dreißig – am Anfang der Beziehung – sehr stressig vorgestellt.

Single ab sechzig

Menschen, die Single sind, ermuntere ich auch mit sechzig: Das kann noch klappen! Daran glaube ich wirklich. Natürlich ist jeder in dem Alter »fertiger« als früher als junger Mensch. Man kann sich schwieriger öffnen und tut sich auch nicht mehr so leicht damit, Kompromisse einzugehen. Wäre da nun ein junger Mann, der sagt: »Ich hasse Mittagsschlaf!« Und ich würde maulen: »Ich mache um diese Zeit immer meinen Mittagsschlaf!«

Dann hätten wir ein Problem. Trotzdem glaube und erlebe ich, dass es auch mit sechzig gelingen kann, einen tollen Partner oder eine tolle Partnerin zu finden.

Laut einer Statistik, die ich mal gelesen habe, sollen fast vierzig Prozent der Frauen und etwa jeder fünfte Mann über sechzig alleinstehend sein. Da geht doch was! Deshalb motiviere ich meine Single-Freunde, mit mir rauszugehen und Augen und Ohren offenzuhalten. Die locke ich vom Sofa, indem ich sage: »Vielleicht wartet ja wie früher der Traumprinz an der Bar.« Oft sagen die: »Na ja, aber inzwischen gibt's das doch digital, der kommt doch auch auf Bestellung an die Tür.« Dann antworte ich (Ich bin ein großer Verfechter des analogen Datens): »Ich halte digitales Daten für Zeitverschwendung.« Ich mag Internet-Dating einfach nicht. Das Digitale mit all seinen Filtern macht für mich bei der Partnersuche keinen Sinn. Zugegeben: Das kann klappen, es gibt Beispiele, bei denen es funktioniert hat. Aber analog geht es doch viel schneller. Du weißt innerhalb von zwei Minuten, ob die Person, die dir gegenübersteht, chemisch mit dir reagiert oder nicht. Außerdem brauchst du digital viel zu viel Konzentration und hast dabei viel zu wenig Spaß. Deshalb: Besser analog in der Bar oder Galerie. Und das kann ich aus eigener Erfahrung sagen: Da kann man auch im höheren Alter noch flirten! Selbst für mich, der ich in einer Beziehung bin, ist flirten manchmal schön. Da soll nichts draus werden, aber dass man das noch kann, fühlt sich gut an. Ich finde, das ist wie ein Muskel, der zwischendurch trainiert werden will. Und zumindest ich muss mich dafür auch ein bisschen anstrengen.

Wir leben nicht in dem Land, in dem das Flirten erfunden wurde. Die Deutschen sind insgesamt nicht gut im Flirten und die Berliner sowieso nicht. Diese Mischung aus Coolness und zu vielen Möglichkeiten, ständig kommt noch eine heißere Schnitte um die Ecke, macht die Hauptstadt in Bezug auf Romantik wirklich zu einer Katastrophe. Wahrscheinlich ist Berlin die schlechteste Stadt überhaupt, um die Liebe zu finden. Dazu kommt dann noch dieser Berliner Irrglaube zu denken, es sei Flirten, wenn man jemandem ein Bier überkippt und ihm anschließend noch einen harten Spruch um die Ohren haut. Aber das ist die Berliner Art. Ich würde sagen, es gibt ein deutliches Nord-Süd-Gefälle: Je katholischer es wird, desto besser wird das Flirten. Also, in Köln klappt es schon besser, und in Bayern und im Süden ist es ganz einfach. Der Deutsche ist weltweit bekannt für seine nicht besonders ausgeprägte Flirtfähigkeit. Also: üben, üben, üben!

Jeder sollte mal an der Bar einen Spanier oder Franzosen beobachten, die machen einem vor, wie es geht. Da stehe ich immer staunend daneben und sage: »Ach ja, so kann man auch in Kontakt kommen!« Die schaffen es in der Bar sogar durch eine stille Präsenz in Kontakt zu kommen, was mir nie gelingt. Bei mir ist es so: Wenn ich an der Bar stehe und nur stehe, sieht mich kein Mensch. Auch nicht beim Bestellen, da werde ich regelmäßig übersehen. Der links von mir kriegt sein Bier und der rechts auch. Nur ich habe keinen Kontakt zum Barpersonal und wundere mich: Ich bin 1 Meter 90 groß, man sieht mich und vielleicht kennt man mich sogar aus dem Fernsehen. Aber das nützt überhaupt nichts. Ich weiß nicht, woher das kommt, aber das führt dazu, dass überhaupt nichts passiert, wenn ich nur dastehe und freundlich gucke. Das schaffen meine Ausgeh-Freunde oft besser. Wobei das insgesamt mit zunehmendem Alter schwieriger wird …

Ich finde es in der Schwulenszene geradezu brutal. Da heißt es: Mit fünfzig bist du raus! Da wird man in bestimmten Flirtsituationen unsichtbar und auch gar nicht mehr wahrgenommen. Das ist natürlich ein gemeines Gefühl – vor allem, wenn man ein fröhlicher, flirtender Mensch ist. Ich kriege das im Nachtleben (siehe Kapitel »Ausgehen«!) meist noch durch Quatschen hin, aber ich muss die Leute schon selbst ansprechen und den Impuls setzen. Dass jemand auf mich zugeht, weil er mich attraktiv findet, kommt in Schwulenkneipen gar nicht vor. Wobei mir das auch als junger Mensch immer eher mit Frauen passiert ist – ich bin offenbar eher ein Frauentyp, aber nicht der Typ für schwule Männer. Da standen schon immer Schönere neben mir mit einem größeren Bizeps. Ich finde Männer erbarmungslos in ihrer kalten Einschätzung von Attraktivität. Und ich habe das Gefühl, dass sich das bei schwulen Männern noch einmal potenziert, weil Männer das mit Männern ausmachen. Da ist die Szene knallhart, und man rutscht mit fünfzig in diese Unsichtbarkeit. Frauen achten wenigstens noch auf die schönen Hände oder das herzliche Lächeln. Der Rest kann aussehen wie Quasimodo, und sie finden trotzdem etwas Nettes an ihrem Bärchen.

Manchmal brauchen Singles auch ein klein wenig Starthilfe. Deshalb kupple ich gern, klappt aber nicht immer. Ich habe insgesamt eher eine mittlere Bilanz. Meist habe ich im Blick, wer zusammenpassen könnte, und versuche, die Leute unauffällig aneinander zu bringen, aber das ist nicht einfach. Im Ausland war ich zum Beispiel schon häufig auf Dinnerpartys eingeladen, auf denen sich ganz selbstverständlich Paare tummeln, aber auch Singles. Ich bin sogar einmal mit einer Freundin ins Ausland geflogen, weil ich dachte, dass da jemand sei, der passen könnte. Tatsächlich war er es dann aber doch nicht. Trotzdem war es ein superschöner Abend – und ich finde die Kuppelenergie großartig. Das macht mir Spaß, das ist nett und durchweg positiv. Und meine Freundin war auch ohne Mann fürs Leben aufgeladen, weil sie an diesem Abend so viele nette Komplimente bekommen hat.

Früher habe ich Frauen oft um ihre Komplimente im Alltag beneidet, weil Männer nie welche bekommen – außer von ihren Partnerinnen und Partnern, denen sie dann aber nicht glauben. Selbst die schönsten Männer, die ich kenne, hören beim Bäcker nie (und haben das auch noch nie gehört): »Ach, Sie sehen aber gut aus!« Das passiert einfach nicht. Ich finde das schade, weil ich denke, dass Komplimente das Leben schmieren. Frauen hören das zumindest ab und zu mal – und wenn es der italienische Oberkellner ist, der sie ein bisschen umgarnt. Aber auch der italienische Oberkellner wird keinem Mann ein Kompliment machen – und spätestens ab fünfzig macht er das auch nur noch in Ausnahmefällen bei der Frau. Mit sechzig findet es fast gar nicht mehr statt. Deshalb bin ich sehr dafür, wenn man jemanden sieht, der einen guten Style hat, Komplimente zu machen. Aber auch das mit den Komplimenten zählt natürlich nicht zu den Stärken der Deutschen. Dabei freut man sich doch wirklich, wenn das mal passiert! Wenn ich beim Fernsehen arbeite und alles gezurrt und gemacht ist, höre ich das schon ab und zu. Aber im Alltag … Stopp! Da fällt mir ein: Für meine Sonnenbrille bekomme ich derzeit viele Komplimente. Auch von jungen Espressoverkäufern, die sagen: »Coole Brille!« Neulich hat auch jemand meine Tasche gelobt. Das betrifft zwar mehr die Accessoires als beispielsweise mein Hautbild, meine Figur oder Frisur, aber damit bin ich schon zufrieden. Wenn man stylish ist und gepflegt und sich bei seinem Outfit Gedanken gemacht hat, hört man das auch gern. Aber man möchte zumindest ab und zu noch mal unter diesen Attraktivitäts-Aspekten gesehen werden – und nicht nur unter der Rubrik Lebenserfahrung.

Wobei man sich mit zunehmendem Alter auch ein bisschen freimacht davon. Also: Man findet es noch schade – es erschüttert einen aber nicht mehr. Das Unsichtbarwerden an der Bar ärgert dich mit fünfzig – mit sechzig aber nicht mehr. Nun schreie ich beim Ausgehen seit Jahren das »Guten Abend!« so laut, dass man mich wenigstens hört, wenn man mich schon nicht sieht. Und das rate ich auch allen Frauen. Da muss man eben ein wenig aufdrehen und sagen: »Was fällt Ihnen ein, mich nicht zu sehen!« Man darf auf keinen Fall still am Tresen stehen und darauf hoffen, dass irgendein Barbesucher die inneren Werte erkennt. Notfalls muss man die Bar wechseln. Oder eine ganz andere Taktik anwenden …

Thomas' Kennenlern-Trick:

Mein Trick hat schon zweimal geklappt. Deshalb hier noch einmal für alle: Ich halte Berlin für die unromantischste Stadt Deutschlands und sage immer, dass man hier keine Liebe finden kann. Die Leute kommen nach Berlin, um sich NICHT zu binden. Die kommen hierher, um der Enge zu entkommen, und erfinden sich hier alle neu. Nach einer Woche heißen sie dann Xenon und machen Performance-Kunst. Bis die wieder Heinz-Georg heißen, sind drei Jahre und ein Entzug vergangen. Deshalb schicke ich meine Single-Freunde aus Berlin gern in die Provinz. In kleineren Orten mit weniger Drogen, Sex und Nachtleben, aber einem höheren Flirtvermögen steigen die Chancen! Da gibt es einen einzigen Künstler-Italiener, in dem sich alle interessanten Leute treffen. Die sind alle da, die musst du nicht suchen. Und so kann man sich viel leichter kennenlernen.

Allein glücklich

Neulich habe ich in einem teuren Restaurant in der Schweiz eine ältere Dame gesehen: Die hat ihr gutes Essen genossen und anschließend ihr Buch rausgeholt. Sie saß dann zwischen diesem leckeren Essen, hat gelesen und wirkte sehr zufrieden. Ich glaube auch, dass diese Pausen, in denen man sonst kommuniziert, irgendwie gefüllt werden müssen, damit man sich nicht allein fühlt. Deshalb finde ich es vollkommen unproblematisch, wenn man auch in einem Sterne-Restaurant mit einem Buch sitzt. Zwischendurch hat sich die Dame noch ein bisschen mit dem Kellner unterhalten. Und ich glaube, sie hat insgesamt einen sehr schönen Abend gehabt. Ich sehe viele glückliche Singles in dem Alter.

Das Einzige – und darunter leiden viele meiner Single-Freunde – ist dieses Allein-in-den-Urlaub-Fahren. Wenn du im Hotel einsam am Tisch sitzt und um dich herum sind lauter Paare und Familien, ist das ein wenig deprimierend. Viele Freunde sagen: »Ich habe eine schöne Wohnung, ich fahre ein schönes Auto, mir geht es eigentlich gut. Aber mit wem fahre ich in den Urlaub?« Eine Weile versucht man, allein in Kreta am Tisch zu sitzen. Natürlich bleibt man dann nicht wie sonst mit Freunden zwei Stunden im Restaurant, sondern isst sein Gericht und geht anschließend nach Hause. Und wenn man das zwei Wochen am Stück hat, ist es nicht schön. Ich denke: So wie ich Ausgeh-Freunde habe, braucht man in dem Fall dann unbedingt Urlaubs-Freunde. Und wenn man keinen Partner und keine Freunde hat, die mit einem verreisen möchten, ist man möglicherweise ein wenig herb unterwegs und könnte sich grundsätzlich in Frage stellen. Vielleicht könnte man dann mit der Interessensgruppe in den Urlaub fahren – damit sind wir allerdings schon fast beim Busausflug der Ehrenämtler, wo man genau hingucken muss, ob man das wirklich möchte. Es gibt definitiv Möglichkeiten, es sich als Single ab sechzig nett zu machen.

Team Thomas: Wolfgang Macht

Ich habe meinen Mann in Hamburg kennengelernt – ganz klassisch: In einer Bar auf der Reeperbahn. Das war 1992! Seitdem ist Wolfgang in vielen Dingen ein Vorbild für mich und das Beste, was mir passieren konnte. Er animiert mich, zum Sport zu gehen und gesund zu essen, er hält mich von unvernünftigen Entscheidungen ab und sorgt für Ordnung in meinem Leben. Auch meine Mama ist ganz entzückt und sagt: »Wolfgang ist die perfekte Ergänzung für meinen Sohn.« Das sehe ich genauso.

Herr Macht, Sie sind jetzt seit über dreißig Jahren mit mir zusammen und nun geht's in die Sechziger. Wie werde ich mich in den nächsten zehn Jahren entwickeln? Und was kommt dadurch auf unsere Beziehung zu?

Wir haben uns bei deiner Karriere oft gefragt: Wie lange kann man Fernseharbeit machen? Wie lange kann man im Bild sein? Da hast du, glaube ich, inzwischen festgestellt, dass du dir keine Sorgen machen musst, weil du inzwischen lange als Macher unterwegs bist. Du bist kein reiner Darsteller, sondern bietest Erfahrung, Expertise und Erfolge auf allen möglichen Ebenen. Von daher kannst du weiterhin machen, was du willst.

Hättest du dich denn gefreut, wenn ich nun in die Rente gehen und nur zu Hause sitzen würde? Dass endlich mal Schluss ist mit dem ganzen Gearbeite?

Auf gar keinen Fall! Das haben wir ja gemeinsam, dass wir unsere Arbeit immer als Teil der Persönlichkeit verstanden haben, wo man sich entwickelt und mit Menschen zu tun hat. Arbeit ist nicht nur der Zeitraum, in dem man Geld verdient – das ist Selbstverwirklichung, die nicht abrupt enden sollte.

Für viele Beziehungen ist der Moment, wenn jemand in Rente geht – egal ob Mann oder Frau – ein großer Bruch. Da gibt's oft Probleme, wenn der Partner auf einmal zu Hause herumhockt. Das haben wir nicht.

Nein. Aber wir können uns freuen, dass wir unsere Arbeit nicht mehr mit so einem großen Druck machen müssen, sprich: nicht mehr finanziell oder geltungsmäßig irgendwohin kommen müssen. Wir können gucken, was wir tun wollen mit unserer Zeit und unseren Möglichkeiten.

Dafür gehen nun allmählich die Zipperlein los. Ich sag: »Ich muss auf meine Hüfte achten, auf meinen Nacken.« Wie ist das für dich als Partner?

Ich glaube, dass man sich mehr der Gesundheit zuwenden und fragen muss: »Wie kann ich Teile meines Körpers, meine Konstitution, mein Immunsystem, meine Fitness als Beitrag zur

Gesamtgesundheit verbessern? Oder zumindest den jetzigen Zustand halten?« Ich meine: Wir leben in der westlichen Welt, haben grundsätzlich eine gute Ernährung, keine extremen Bedingungen, da finde ich es schon richtig, dass man zu seiner Gesundheit auch etwas beiträgt – ohne hysterisch zu werden …

Da sind wir zwei ein bisschen unterschiedlich. Ich steuere eher das Riviera-Modell an: mit einem Glas Champagner aufs Meer gucken und sich lieber mal fahren lassen, während du seit Jahren mindestens dreimal so viel Sport machst wie ich. Kriegen wir das in den nächsten zehn Jahren zusammen hin, wenn wir an der Riviera sitzen und du schon wieder die Hantel schwingst, dass ich weiter meinen Schampus trinken kann? Oder birgt das Konfliktpotential?

Ich glaube, das Konfliktpotential kommt, wenn man Sorge um den anderen hat.

Also ab der dritten Flasche? Dann würdest du sagen: »Jetzt hör mal auf, Schatz!«

Ja, mag sein. Ich habe für mich festgestellt, dass mir Fitness guttut – in Bezug auf Belastbarkeit, Gelassenheit, Beweglichkeit. Und ich hoffe, für dich in dieser Hinsicht eine Inspiration zu sein …

Das bist du! Du inspirierst mich – auch geistig. Mit Interessen und Themen. Das ist ja auch wichtig: Wie kriegt man als Paar neue Themen ins Leben? Damit man nicht wie das Klischee von alten Paaren endet, die am Tisch sitzen und sich nix zu erzählen haben.

Da sind wir doch gut aufgestellt, weil wir immer viel reisen und gucken: Wo könnte man auch ein bisschen länger bleiben? Wo könnte man sich involvieren? Das ist doch grundsätzlich unser Aggregatzustand: weiter Dinge, Projekte, Engagements vorantreiben – egal, ob für die Arbeit, die Kunst oder Mitmenschen. Das wird immer ein Motor sein, der uns mit anderen Menschen, mit jungen Menschen, mit interessanten Themen zusammenbringt … Da müssen wir als Paar wahrscheinlich eher aufeinander aufpassen, dass wir uns nicht überlasten. Dass man Projekte mit siebzig nicht mehr so angeht, als wäre man dreißig.

Jetzt sollte ein gelassenes Jahrzehnt kommen, in dem man nicht jeden Stress mitmacht und vielleicht ein paar Sachen umsetzt, für die man vorher keine Luft hatte …

Das würde ich mir auch wünschen.

Zum Schluss die Frage, die ja immer alle stellen: Was ist das Geheimnis einer dreißigjährigen Beziehung? Du hast jetzt die einmalige Gelegenheit, das zu erklären.

Zuoberst steht die Anziehung, die Faszination füreinander und dass die lange hält, dass man sich nicht ermüdet oder ernüchtert hat. Das andere ist Respekt. Und zwar in alle Richtungen. Für alles. In den Erwartungen an den anderen, an die Gemeinsamkeit, für die Arbeit, für die Freiräume, für andere Beziehungen, Freunde …

Du sagst immer, dass du es an Paaren nicht magst, wenn die sich gegenseitig klein machen. Und da gibt's ab sechzig natürlich mehr Möglichkeiten. Wenn der andere die Treppe nicht mehr gut hochkommt oder ein bisschen schnauft. Dann könnte man als Partner sagen: »Du wieder! Nun streng dich doch an!« Man könnte in diesen Pfleger-Tonfall verfallen, der für mich der Beziehungskiller wäre …

Aber das hat ja auch mit Respekt zu tun – oder mit dem Verwandten: der Übergriffigkeit. Auch der Umgang mit dem Altwerden ist ja ein persönlicher. Jeder lernt sein eigenes Altern.

214

Und wenn du das parallel nebeneinander hast, kann das sicher eine Belastung sein, weil vieles neu ist ...

Da sind wir wieder. Auch dann macht der Ton die Musik! Der respektvolle Ton ist der Schlüssel. Ist das ein schönes Schlusswort?

Ja, das ist ein schönes Schlusswort.

10. Kapitel: Senior Moments – und warum wir sie umarmen sollten

Woran merkt man, dass man ein gewisses Alter erreicht hat? Was sind typische Senior Moments? Der Klassiker wäre, es bei einer Grünphase nicht mehr über die Ampel zu schaffen, sodass man in der Mitte stehenbleiben muss. Aber das passiert mir nicht, da ich furchtbar schnell gehe. Das habe ich mir wahrscheinlich in New York angewöhnt – und alle, die mich kennen und mit mir laufen müssen, leiden furchtbar darunter. Ich presche davon. Aber das ist das New Yorker Gang-Tempo, mit dem ich mich dort sehr wohlgefühlt habe, weil alle so schnell gelaufen sind wie ich. In Deutschland bin ich ab und zu genervt, wenn Leute langsam vor mir her schleichen. Vielleicht liegt das an meinen langen Beinen. Ich erinnere mich, dass mein Vater genauso schnell war – der ist auch immer davongepirscht. Anscheinend sind wir Hermannse flinke Läufer … Dafür wird mich das Problem, in der Grünphase lediglich die Mittelinsel zu erreichen, frühestens mit achtzig betreffen. Und bis dahin bleibe ich der Erste, der die andere Straßenseite erreicht.

Kürzlich habe ich dazu eine Studie gelesen, die ich gern zitiere: Menschen, die schneller gehen, sind intelligenter und kognitiv fitter als langsame Schlenderer. Auch körperlich zeigen sich Unterschiede: Lunge, Zähne und Immunsystem von Schnellläufern sollen besser sein. Außerdem scheinen wir – das behaupten die Forscher – langsamer zu altern als Schleicher. Der Senior-Moment an der Ampel bleibt mir also vorerst erspart, dafür erwischt es mich neuerdings in den Kosmetik-Abteilungen der großen Kaufhäuser. Die finde ich fast brutal. Sicher kann jede Frau über dreißig ein Lied davon singen, wie es war, als ihr zum ersten Mal eine zwanzigjährige Verkäuferin mit dem Anti-Aging-Produkt gegenüberstand und erklärte: »Das ist genau das, was Sie jetzt brauchen.« Dann erinnere ich gern daran, dass wir alle ein Leben vor Hyaluron hatten – auch wenn man sich das kaum mehr vorstellen kann. Es gab eine Zeit, in der das nicht in jeder Creme drinsteckte und man es auch nicht trank oder in Kapseln schluckte – und die Leute sahen trotzdem gut aus. Es wird einem viel Mumpitz angeboten. Ich vertraue diesbezüglich meiner Kosmetikerin, die neulich feststellte: »Na, das sackt jetzt alles ein bisschen ab. Da müssen wir mal ran.« Ich bin kurz erschrocken, weil ich selbst immer meine, dass es so schlimm noch gar nicht sei. Aber die guckt schon genau hin und verkauft mir trotzdem keinen Schmäh. Da sind wir wieder beim Vertrauen … Die wird mir keine Produktlinien anbieten, die ihr Salon gerade abonniert hat und nun loswerden muss. Die macht das, was sie für gut und richtig hält. Und genau wie die guten Maskenbilder, mit denen ich zu tun habe, sagt sie: »Du brauchst nur drei Cremes: eine Tagescreme, eine Nachtcreme und eine Sonnencreme.« Und mehr benutze ich auch nicht. Diese ganze Palette von morgens bis abends und mittags etwas mit Hyaluron, eine Creme nach der Rasur, außerdem muss die Nachtcreme dicker sein als die Tagespflege – diesen Quatsch mache ich nicht mit. Dennoch ist mir bewusst,

218

dass spätestens beim Durchlaufen der Kosmetikabteilung die Stunde der Wahrheit schlägt: Welches Produkt dort gezogen wird, zeigt zumindest, wo man eingeordnet wird.

Ähnlich brutal geht es auch im Internet zu: Wenn man einmal Nordic-Walking-Stöcke für seine Mutter bestellt hat, kriegt man anschließend garantiert alle Produkte angeboten, die für Senioren auf dem Markt sind. Automatisch stellt man sich die Frage: Ist die Urinpfanne jetzt schon ein Muss? Oder noch ein Kann? Auf jeden Fall hauen sie einem alles um die Ohren, und man hofft, dass es vor der Seniorenwindel wieder aufhört. Das tut es aber nicht – und das nur, weil ich im falschen Algorithmus gelandet bin, nämlich in dem, der eigentlich für meine Mutter ist, weil ich für sie diese Stöcke bestellt habe. Das bescherte mir in den vergangenen Wochen gleich mehrere Senior Moments. Und ich finde es fast beleidigend, mir jetzt schon eine Seniorenwindel anzubieten. Das Internet ist für Ältere aber ohnehin kein Wohlfühlort. Wenn man seine Kreditkarte eingeben und fürs Geburtsdatum ganz weit nach unten scrollen muss, ist das auch ein schlimmer Senior Moment, weil man nämlich feststellt: 1963 ist wirklich lange her! Und dann schweifen meine Gedanken ab, und ich stelle fest: Ich bin jetzt so weit von meinem Geburtsdatum entfernt, dass ich, wenn ich noch einmal sechzig Jahre weiterscrollen würde, im Jahr 1903 landen würde! 1903 haben die Brüder Wright das erste gesteuerte Motorflugzeug gebaut! Da bekam Marie Curie ihren Nobelpreis in Physik. Und sechzig Jahre später kam dann ich … Wenn man den Gedanken weiterspinnt, wären das zwei Generationen: Der Mensch, der 1903 geboren wurde und 1963 sechzig war, als ich auf die Welt kam – und jetzt bin ich sechzig. Das sind schon Dimensionen – von 1903 bis heute …

Das vergessen wir manchmal. Neulich herrschte wieder großes Gejammer unter den Schauspielern um die sechzig: »Keiner kennt mehr Bette Davis!« Aber Bette Davis ist für jemanden, der heute zwanzig ist, so weit weg wie für uns die Stummfilmstars Hollywoods. Da sind wir bei Rudolph Valentino oder Charlie Chaplin! Die Heutigen kennen noch Marilyn Monroe, aber James Dean kennen sie schon nicht mehr. Oder Paul Newman. Und dann sind jetzt alle Kollegen betrübt – aber wer von uns kannte in jungen Jahren denn Lillian Gish? Oder wer wusste, wer mit Greta Garbo gespielt hat? Wenn ich junge Mitarbeiter frage: »Kennst du einen richtig alten Film?« Dann sagen sie: »*Flashdance*.« Der ist von 1983! Oder *Dirty Dancing*, 1987. DAS sind heute alte Filme. Die haben wir im Kino gesehen. Das ist, als wenn wir früher *Casablanca* genannt hätten. Oder *Vom Winde verweht*. Das wären unsere ältesten Filme gewesen. Diese zeitlichen Dimensionen muss man sich bewusst machen. Sechzig Jahre sind eine ganze Menge, selbst wenn mir das meist nicht so vorkommt und ich denke: »Die Zeit ist schnell vergangen. Ich saß doch gerade noch in meinem Kinderzimmer.« Doch wir sprechen über mehr als ein halbes Jahrhundert! Das IST viel!

Zuerst einmal ...

Ja, man wird nun alt. Und ja, man muss sich an einige Veränderungen erst gewöhnen. Vor allem aber denke ich: Man kann sehr froh sein, die Sechzig überhaupt erreicht zu haben. Für schwule Männer meines Alters ist sechzig ein riesiges Glück, weil wir in den Achtzigern eine Seuche durchlebt haben, an der ich hätte sterben können. Ich gehöre zur HIV-Generation und habe damals in München erlebt, wie alle um mich herum krank wurden. Die statistische Wahrscheinlichkeit war damals hoch, dass es einen trifft, daher war der Gedanke an den Tod bei uns irrsinnig präsent – und es sind ja auch sehr viele gestorben, die ich gekannt habe. Diese Erfahrung haben Heteros zwar auch gemacht, aber bei weitem nicht so stark. Die wussten zwar: »Das ist gefährlich, und *safer sex* schützt.« Aber diese existenzielle Angst war nicht da. Auf jeden Fall ist das Altwerden dadurch für mich positiv besetzt, weil es nicht klar war, dass ich so alt werden würde. Von mir aus soll mir jemand Werbung für das falsche Produkt schicken, und ich akzeptiere auch die Unsichtbarkeit ab fünfzig, weil ich dankbar bin, dass ich das alles überhaupt erlebe.

Ein Hoch auf den Zettel!

Zettel werden in meinem Leben zunehmend wichtiger. Wenn ich etwas für morgen will, muss ich es mir heute aufschreiben. Ich fange jetzt schon an, überall Zettel bereitzustellen, damit ich mir alles sofort aufschreiben kann, was mir wichtig erscheint, denn das Gedächtnis lässt deutlich nach. Neuerdings laufe ich ständig in ein Zimmer und weiß nicht mehr, was ich da wollte. Aber das finde ich eigentlich eher belustigend als störend. Ich könnte mir vorstellen, dass im Alter ein natürlicher Sondierungsprozess einsetzt, in dem die wesentlichen von den unwesentlichen Dingen getrennt werden. Und zu diesem

Sondierungsprozess gehört leider auch, dass ich Menschen, mit denen ich nur kurz zu tun hatte, manchmal nicht erkenne. Das betrifft keine Leute aus der Studienzeit, sondern erstaunlicherweise die, denen ich zwischen dreißig und vierzig begegnet bin. Meine Taktik lautet dann: BLUFFEN. Irgendwie versuchen, durch eine Gegenfrage zumindest die Stadt herauszufinden, aus der man sich kennt, damit man eine Orientierung bekommt. In solchen Fällen – und auch nur in diesen – beneide ich die amerikanischen Präsidenten, die permanent von einer Art Souffleur begleitet werden, der ihnen einflüstert, vor wem sie gerade stehen. Selbstverständlich können sie sich nicht alle Namen und Gesichter der Menschen merken, mit denen sie vielleicht einmal im Leben zu tun haben – andersherum wird sich jeder an den amerikanischen Präsidenten erinnern. Ich finde, das ist ein super Service! Der Menschen-Souffleur wäre eine großartige Unterstützung fürs Alter, und ich hätte ihn schon oft brauchen können.

Ich ärgere mich immer ein bisschen über die Leute, die Begegnungen so starten: »Kennst du mich noch?« Was ist denn das für eine Frage! Ist das ein Test? Das bedeutet doch gleich Stress, zumal man nie sagen kann: »Nein, ich kenne dich nicht mehr.« Das klingt unhöflich, auch wenn es gar nicht unhöflich gemeint ist. »Man könnte sagen: Hilf mir bitte auf die Sprünge.« Oder: »Es tut mir leid, ich erinnere mich gerade nicht an Sie.« Aber das macht doch keiner. Man möchte sein Gegenüber doch nicht damit vor den Kopf stoßen, dass man ihn offenbar vergessen hat. Deshalb finde ich den Einstieg »Kennst du mich noch?« schon beinahe frech. Und wenn man dann freundlich lächelnd genickt hat, kommt die Damals-Geschichte. »Wir haben doch damals Kaffee getrunken in Iserlohn.« Und dann musst du überlegen: »Wann war ich denn in Iserlohn?« Ich bitte vielmals um Entschuldigung für mein Bluffen, aber ich treffe so viele Leute, die kann ich mir nicht alle merken. Und ich fürchte, dass das jetzt im Alter noch schlimmer wird. Das sind für mich auch typische Senior Moments. Denn früher kannte ich mal alle, die auf mich zukamen. Früher kannte ich auch alle, die im Adressbuch meines Handys stehen. Mittlerweile entdecke ich da Leute, von denen ich nicht mehr weiß, wer sie sind. Vielleicht sollte ich denen mal eine SMS schicken: »Kennst du mich noch?« Mal gucken, was zurückkommt.

Vorsicht ist die Weisheit des Alters

Ich werde vorsichtiger und finde das gut und vernünftig. Es ist albern, wenn Leute sich den Hang hinunterstürzen und sich überschätzen. Man ist gut beraten, wenn man aufpasst, dass man sich nicht verletzt. Und dieses Bewusstsein, das nimmt zu im Alter, sodass man einen deutlichen Respekt davor hat, wenn man auf einen Stuhl steigt, um eine Birne zu wechseln. Man sagt dann eher mal zu seinem Partner den Senior-Satz: »Halt doch mal die Leiter.« Weil einem der Abstand zum Boden deutlicher bewusst ist. Trotzdem sehe ich bei Gleichaltrigen manchmal unnötige Haushaltsunfälle – zum Beispiel auf den Treppen. Laut Robert Koch-Institut passiert jeder vierte Heimunfall einem über Sechzigjährigen. Mich würde das wahnsinnig ärgern! Ich konnte mich bislang bei Stürzen immer gut abrollen. Aber ich würde damit nicht leichtsinnig umgehen, weil ich mich dem Risiko irgendwelcher Komplikationen nach einem

Sturz von der Leiter oder vom Skateboard oder mit den Rollschuhen keinesfalls aussetzen möchte. Keiner sollte so tun, als seien Stürze nicht gefährlich. Bei Jungen heilen Wunden und Brüche meist schnell. Bei uns weiß man, dass es länger braucht und schlimmere Auswirkungen haben kann. Unser Körper ist mittlerweile ein etwas in die Jahre gekommener Tempel, der gepflegt und geputzt werden will. Dieses Bewusstsein sollte mit sechzig angekommen sein, ohne dass man deshalb angsterfüllt durch die Gegend läuft. Ich möchte nicht bei jedem Rollerfahren denken: »Ich breche mir was!« Es geht darum, Gefahren realistisch einschätzen zu können – auch das gehört zur Weisheit des Alters und zu diesem ganzen Selfcare-Bereich, den ich ja ohnehin mag. Ich kümmere mich gern um mich. Dafür muss ich mich nicht um Esel kümmern. Oder um den Weinberg.

Keine falsche Eitelkeit!

Ein weiterer Senior Moment ist die Situation in der U-Bahn oder im Bus. Also: Wer steht für mich auf? Und wann stehe ich noch auf? Wobei ich mich frage, ob die Jungen überhaupt noch so zuverlässig aufstehen. Früher als Teenager sind wir, glaube ich, schon für Fünfzigjährige aufgestanden. Meine Mutter hat mir beigebracht, dass aufgestanden wird, wenn ich mit sechzehn auf einem Sitz sitze und es kommt jemand mit grauen Haaren. Heute bleiben sie bei Sechzigjährigen noch sitzen. Also bei mir stehen sie noch nicht auf. Bis auf einmal! Ich weiß noch, dass ich vollkommen schockiert war. Ich empfand das fast als Unverschämtheit, obwohl ich wusste, dass dieses Kind es nett gemeint hatte. Am liebsten hätte ich es angemault: »Sehe ich schon so gebrechlich aus?« Das habe ich mir aber verkniffen, weil's ja eigentlich nur ein weiterer Moment der Wahrheit war, der mir wieder verdeutlicht hat, dass es diese Diskrepanz zwischen der Innen- und der Außenperspektive gibt und man anders wahrgenommen wird, als man sich gerade fühlt. Auf der anderen Seite gibt es Tage, an denen ich auf den U-Bahn-Sitz sinke und denke: »Ich stehe auf jeden Fall nicht mehr auf!« Dann genieße ich es, dass ich mir mit sechzig das Recht erarbeitet habe, sitzenbleiben zu dürfen – und nur noch in Notfällen aufstehen zu müssen. Das Gefühl ist fast so schön wie das, morgens aufzuwachen und zu denken, dass man keine Schule hat. Senior Moments können also durchaus schön sein. Und wenn's dann irgendwann richtig wackelig wird, bin ich vielleicht ganz froh, dass die Jungen helfen. Aber das wird etwas für das nächste Buch … Noch schaffe ich das beispielsweise auch in der Bahn mit den Koffern allein. Gleichzeitig merke ich, dass ich mich am Geländer oder an der Stange im Bus mehr festhalte als früher – auch wenn ich dadurch vielleicht älter wirke. Doch ich habe keinen falschen Stolz und halte mich lieber einmal mehr fest als einmal zu wenig, wenn ich damit verhindere, dass ich durch den Bus purzle.

Gelenkschmerzen sind besser als Mathe

Der Sitz im ICE ist nicht bequem. Also, der war noch nie richtig bequem – für meine Körpergröße ist der ergonomisch definitiv falsch. Aber mit zunehmendem Alter ist es nun so: Sobald ich eine längere Strecke fahren muss, habe ich Rücken … Der Rücken ist mein sensibelstes Körperteil. Im Rücken passiert alles – die Wirbelsäule ist König. Und der beschwert sich, wenn bestimmte Abläufe gestört werden. Wie gehe ich damit um? Noch bekomme ich meine Schmerzen immer schnell wieder in den Griff, indem ich zur Massage gehe. Und wenn das nicht hilft, dann auf jeden Fall die Osteopathie. Die Frage ist nur: Wie geht man mental damit um? Ich glaube, dass viele Leute, die anfangen, ihren Rücken, ihre Hüfte oder ihre Knie zu spüren, genervt und gestresst reagieren, weil sie denken: »Jetzt geht der Abstieg los!« Vor lauter Entsetzen darüber vergessen sie, dass sie in jungen Jahren andere fiese Schmerzen gehabt haben: mental oder seelisch. Ich sag mal: Für jede Hüfte, die jetzt knackt, hat man vielleicht keinen Liebeskummer mehr wie mit sechzehn. Das erscheint mir vom Leben gut ausgewogen. Man muss auch nicht mehr zur Schule und hat keine Prüfungen mehr. Dafür knackt eben ab und zu der Rücken … Das bedeutet nicht den Abstieg im Leben – der Körper zeigt lediglich an, worum man sich kümmern sollte. Und wenn der Körper neuerdings ständig sagt: »Nun kümmere dich!« Dann sitzt man ungünstig, macht zu wenig Sport oder sonst irgendetwas falsch.

Der Körper redet mit einem. Die vielbeschworene Achtsamkeit ist auch ein Reifeprozess im Alter, über den man nicht drüberbügeln und sagen sollte: »Ich schaffe das noch.« Oder: »Ich höre da gar nicht hin.« Ganz im Gegenteil: Auf solche Hinweise sollte man besonders aufmerksam achten. Es ist doch klasse, wenn das Knie sagt: »Kümmere dich um mich!« Dann weiß man zumindest, was man zu tun hat: Die Muskulatur stärken, ohne sich zu überlasten. Das weiß man alles ab sechzig. Man möchte es vielleicht nicht wahrhaben, weil man es als Verfall deutet. Aber darum geht es nicht. Manches wird schwerer, anderes dafür leichter. Für die ziehenden Schultergelenke hat man keine Matheprüfung morgen. Für mich ist das ein fairer Tausch.

Vorbilder für schönes Altern

Die Schauspielerin Maren Kroymann ist für mich ein Vorbild, wenn es um gutes Älterwerden geht. Sie hat schon immer Unterhaltung, Comedy, Kabarett und Schauspiel in hoher Qualität geboten, wurde aber lange nicht bemerkt. Ich glaube, erst in ihren Fünfzigern ist den Leuten aufgefallen, wie gut sie ist. Und seitdem dreht Maren einen Film nach dem anderen, heimst Preise ein, hat ihre eigene Fernsehsendung, ihr eigenes Solo-Programm. In einer Zeit, in der andere allmählich müde werden, hat sie erst richtig aufgedreht und ist wahrscheinlich von vierzig Wochenarbeitsstunden auf achtzig hochgegangen. Ab sechzig! Und jetzt ist sie eine der wenigen Frauen über siebzig, die voll im Geschäft ist. Um dieses Pensum zu schaffen, muss man richtig fit sein. Maren joggt, macht Yoga, kann alles. Und deshalb ist sie für mich ein Vorbild. Nicht weil sie so viel arbeitet – das habe ich nicht vor –, sondern weil sie der Beweis dafür ist, dass man eine Wahl hat, zumindest solange man körperlich und geistig fit genug dafür ist.

Oder noch ein tolles Beispiel: Vor ein paar Jahren war ich zu einer Hochzeit eingeladen, auf der auch der mittlerweile verstorbene Wolfgang Völz und seine Frau Roswitha waren. Roswitha ist früher als Revuegirl im Pariser Lido aufgetreten und legte sich nun im Spagat vor das Büfett – mit fast neunzig! Ich dachte: »Das kann doch nicht sein!« Ich kenne Tänzer und Tänzerinnen, bei denen sind mit vierzig alle Gelenke kaputt, die können gar nichts mehr machen. Deshalb habe ich Roswitha gefragt: »Wie geht das denn?« Sie sagte: »Ich mache meine Übungen, auch an der Ballettstange. Und das jeden Tag.« Roswitha sitzt mit mir im Kuratorium der Aids-Hilfe. Also: Sie macht gute Dinge und liegt im Spagat vor dem Büfett. Das finde ich großartig.

Und mir fällt noch eine Frau ein, die mich kürzlich beeindruckt hat: die Moderatorin Marijke Amado, Jahrgang 1954. Rudi Carrell rief sie an, als sie gerade als erste Reiseführerin für Neckermann in der Antarktis unterwegs war. Carrell wollte wissen, ob sie bei *Am laufenden Band* seine Assistentin werden wolle. Da reden wir über die Mitte der Siebziger! Seitdem ist Marijke im deutschen Fernsehen unterwegs. Sie behauptet, dass ihre Algentabletten sie fit halten würden. Die nehme ich jetzt auch mal – ich bin gespannt, was die bewirken. Aber ich bin sicher, es ist vor allem Marijkes Persönlichkeit, die sie so lebendig sein lässt. Ich gucke mir gern an, wie Leute aus der Showbranche das im Alter schaffen. Auch Hugo Egon Balder sitzt mit über siebzig noch immer bei *Genial daneben*. Dieter Hallervorden, Jahrgang 1935, dreht einen Film nach dem anderen und betreibt obendrein zwei Theater. Aber er joggt auch regelmäßig. Maren ebenso. Hugo raucht viel und sitzt gern. Bei Marijke sind es vielleicht die Algentabletten – oder ihr Hund, mit dem ist sie bestimmt viel unterwegs. Das hilft. Und alle arbeiten weiter, weil sie es wollen. Das macht ihnen Spaß. In der Schlagerbranche denke ich manchmal: »Oh, da steht wohl jemand, der noch Geld verdienen muss, weil er damals einen schlechten Vertrag unterschrieben hat.« Und das ist bei Marijke und Co. nicht der Fall – ich finde, das merkt man. So möchte ich es auch haben.

Team Thomas: Cousine Birgit Finkam

Meine Cousine ist eines meiner größten Vorbilder beim Älterwerden. Sie ist zwei Jahre älter als ich, das heißt, sie hat die magische Sechs längst überwunden – und ist immer das blühende Leben, toll angezogen, super geschminkt, sie hat eine gute Figur und steckt voller Energie. Birgit scheint wirklich alles richtig zu machen. Deshalb finde ich, dass jetzt – für dieses Buch – der richtige Anlass und Zeitpunkt gekommen ist, um sie zu fragen, wie sie das eigentlich schafft.

Liebe Birgit, was ist dein Geheimnis?
Mein Geheimnis ist, glaube ich, dass ich grundsätzlich mit einer positiven Natur ausgestattet bin. Ich sehe das Glas immer halbvoll, nie halbleer. Ich freue mich über die schönen Dinge des Lebens und bewege mich gern. Das trägt bestimmt dazu bei …

Ja, du bist eine richtige Tanzmaus. Lass uns darüber ruhig mal sprechen: Du tanzt, seit ich dich kenne, also seit ich geboren bin. Früher warst du Funkenmariechen, jetzt machst du große Jazzdance- und Show-Wochenenden.
Bewegung ist mir sehr wichtig. Und Tanzen macht mich richtig glücklich. Wenn ich Musik höre, wippt sofort der Fuß mit, und das gibt mir Energie und ein positives Lebensgefühl.

Das muss nicht immer auf einer Party sein, sondern kann auch zu Hause in der Küche passieren. Wenn ein schönes Lied im Radio kommt, tanze ich durchs Wohnzimmer. Und nach einer ganzen Steppstunde funkeln meine Augen, und man sieht auch an meinem Gang oder meinen Bewegungen, dass ich auf Wolke sieben schwebe.

Da hast du aber Glück! Sport ist nichts, wozu du dich zwingen musst, sondern etwas, das dir Spaß bringt.

Ich mache das überhaupt nicht aus gesundheitlichen Gründen, freue mich aber natürlich über den positiven Nebeneffekt. Ich glaube, Tanzen hält mich auch im Kopf fit.

Es gibt tatsächlich Studien, die zeigen, dass Tanzen die Gedächtnisleistung verbessern kann.

Außerdem tut mir dieses Gemeinschaftliche gut. Ich brauche nette Leute in meinen Kursen, mit denen ich anschließend ein Bierchen trinken gehe …

Oh, auch dazu gibt's interessante Studien: Soziale Kontakte verlängern das Leben und halten ebenfalls den Kopf fit. Wenn man das mit Essen, Trinken, Genuss verbindet – umso besser …

Na ja, sagen wir mal so: Ich achte schon darauf, dass ich nach einem Wochenende, an dem ich sehr über die Stränge geschlagen habe, wieder etwas reduziere. Es kommt wie immer auf eine gute Balance an.

Du warst gerade mit deinen Freundinnen auf Mallorca, wo ihr unter Anleitung eines tollen Trainers viel Sport zusammen gemacht, aber auch viel gekocht habt. Wie gehst du mit diesen typischen Senior Moments um? Wenn du zum Beispiel merkst, ein bestimmter Move geht nicht mehr …

Mein Trainer sagt immer: »Wenn die eine Option nicht

mehr geht, dann gibt es immer noch eine andere.« Das würde mich nie daran hindern, weiter zu tanzen. Das ging sogar nach einem Skiunfall, bei dem ich mir mein Knie verletzt hatte.

Dann hilft professionelle Beratung und auch, dass du nicht mit dir selbst schimpfst, damit man fröhlich bleibt. Dabei helfen sicher unsere Gene. Wir sind ja rheinischen Temperaments ...

Rheinische Frohnaturen!

Oder ist das ein Klischee?

Nein, ich glaube, das ist kein Klischee. Wir sind fröhlich und gesellig und feiern gern. Deswegen kann man vielleicht auch gelassener mit dem Altern umgehen. In der vergangenen Woche ist eine frühere Klassenkameradin von mir gestorben. Spätestens nach einem solchen Ereignis möchte man doch wirklich nicht jammern!

Wegen des Rheinlands kriegst du jetzt noch eine rheinische Schlussfrage: Wenn du heute Karneval feierst, wie viele Tage danach musst du dich ausruhen?

Also beim Karneval ruhe ich mich erst nach fünf Tagen aus. Aber dann brauche ich definitiv länger als vor zwanzig Jahren.

Aber die fünf Tage, die feierst du noch?

Ja, die feiere ich noch.

Sehr gut!

Schluss

Wenn ich mir vorstelle, dass Wolfgang und ich vor zwanzig Jahren nach Berlin gezogen sind, dann finde ich: Die Zeit ist nur so an uns vorbeigerast. Aber woran liegt es eigentlich, dass die Jahre immer schneller vergehen, je älter man wird? Es gibt die Theorie, dass wir dieses Gefühl deshalb haben, weil wir nicht mehr viel Neues erleben. Als Kind erschien das ganze Leben wie ein Abenteuer, jeden Tag gab es neue spannende Dinge zu entdecken, dadurch kam einem ein Jahr wie eine Ewigkeit vor. Mit zunehmendem Alter lebt man seine Regelmäßigkeiten, geht seiner Arbeit nach, den langjährigen Hobbys und besucht ab und zu seinen Lieblingsitaliener. Es gibt nur noch wenige Highlights im Jahresverlauf, sodass die Jahre nur so dahinfliegen. Doch das Ende der Arbeit heißt auch: Jetzt kommt das Ende der Routine. Wir können endlich wieder mehr neue Themen in unser Leben lassen, neue Akzente setzen, haben endlich mehr Luft, um Dinge auszuprobieren – dadurch müsste sich das Leben bald wieder ein bisschen langsamer anfühlen. Das wäre doch super!

Ich habe mir vorgenommen, Spanisch zu lernen. Mein Mann hat einen Tanzkurs belegt, was für ihn eine neue Erfahrung ist. Weil ich schon seit meiner Kindheit tanze, gehe ich nur ab und zu mit ihm in die Stunde, und dann lernen wir zusammen neue Slow-Fox- oder Jive-Schritte. Und zwar ganz andere als diejenigen, die ich draufhabe. Ich spüre, dass sich diese neuen Schritte viel aufregender anfühlen als das, was ich abspulen kann. Wann immer man was Neues macht, fühlt sich das bedeutsamer an. Und man erinnert sich auch besser daran. Man kann nicht von Leuten, die noch voll in der Arbeit stecken, verlangen, dass sie am Abend den Spanischkurs besuchen und Sushi kochen lernen. Das geht nicht. Dafür braucht man Zeit. Aber diese Zeit kommt jetzt!

Viele, die ich kenne, beschäftigen sich sehr lustvoll mit der Planung ihrer Sechziger. Einige überlegen sich: »Meine Rente ist hier nicht viel wert, deshalb ziehe ich nach Thailand.« Auch Kolumbien ist beliebt. Gerade im kreativen Bereich gibt es viele, die während ihres Arbeitslebens nicht zu großen Reichtümern gekommen sind und deshalb sehr intensiv darüber nachdenken, wo ihre Renten-Euros womöglich mehr wert sind, damit sie ein angenehmes Leben führen können in einem freundlicheren Land. Über »Sich anmotzen lassen in Deutschland« und »Freundlich lächelnde Gesichter und besseres Essen für weniger Geld« lohnt es sich nachzudenken, finde ich.

Gerade, wer keine Kinder, Partner, Familie hat, kann sehr frei walten und als Weltbürger überall sein Zelt aufschlagen. Ich habe einen Freund, der fährt jetzt mit dem Wohnmobil um die Welt und sucht sich sein Plätzchen. Einen anderen Freund hat Berlin mit seinen Hipster-Touristen irre gemacht, weshalb er in eine richtig putzige Kleinstadt in Sachsen-Anhalt gezogen ist. Allerdings hat er offenbar eine alte osteuropäische Seele und war wahrscheinlich in einem früheren Leben einmal der Stadtschreiber von Lemberg. Er träumt von einer Datsche mit Apfelbaum noch ein bisschen östlicher, weshalb wir uns demnächst mit ihm etwas in Rumänien anschauen. Sobald du unseren Freund in Richtung Osten beförderst, wird der happy. Ich überlege zusammen mit meiner Schwester, wie wir es schaffen können, irgendwie in der Nähe zu landen. Es ist alles möglich. Gerade JETZT ist ALLES möglich.

Neulich jammerte jemand, weil er schon dreißig wurde und das zu alt fand. Da dachte ich: »Sag mal, geht's noch!?« Das finde ich lächerlich. Es gibt auch Leute, die ihren vierzigsten Geburtstag schwierig finden, was ich ebenfalls nicht verstehe. Ich hatte bislang mit keiner Dekade Probleme und fand jede spannend und aufregend. Trotzdem bin ich – wenn ich jetzt mit sechzig zurückgucke – eher froh, nicht mehr adoleszent zu sein. Auch nicht mehr so wild wie zwischen zwanzig und dreißig. Und erfreulicherweise auch nicht mehr Berufsanfänger zwischen dreißig und vierzig. Ich erinnere mich: Damals klappte das noch nicht so gut mit der Umsatzsteuer, ich war erleichtert über jeden Job, der kam, und über jeden Vertrag, der zur Unterschrift vor mir lag. Und ständig habe ich mich gefragt: Wo kommt denn bloß die Miete her? Das muss ich nicht mehr haben …

Vierzig ist ein Alter, in dem ich eigentlich hätte bleiben können – aber eben mit den Freiräumen, die erst jetzt entstehen. Ich bin mir sicher: Zwischen sechzig und siebzig verändert sich bestimmt wieder mehr als zwischen vierzig und fünfzig oder zwischen fünfzig und sechzig, wo man eigentlich immer nur dieselben Themen vorangetrieben hat. Deshalb freue ich mich auf die kommende Dekade. Ich bin sehr neugierig, mit welchen Projekten und Lebensorten wir die kommenden Lücken schließen werden. Wo wird es uns noch mal hintreiben? Und was erleben wir dort? Endlich kommt wieder ein Gefühl von Abenteuer auf – aber ohne Risiko. Ich finde: Man muss diese Dekade nutzen, denn ab siebzig wird man vermutlich wieder heimeliger und will wahrscheinlich nicht mehr nach New York für eine Woche, sondern lieber in der Nähe des Hausarztes bleiben … Und wenn man erst einmal die Achtzig erreicht hat, ist sowieso fast alles egal.

Wolfgang und ich haben schon gesagt: Das wird eine sehr fröhliche Phase, eine No-rules-Phase. Dann hört die Selbstoptimierung auf! Ich finde, es macht überhaupt keinen Sinn, sich mit über achtzig noch an irgendwelche Regeln zu halten oder sich sagen zu lassen, wie man seine Muskeln besser trainieren oder seine Haut frischer halten kann. Warum? Ab achtzig kann es locker werden – und meinetwegen auch richtig peinlich. Ich hätte nichts dagegen, mit achtzig ein Senior zu werden, der in komischen Klamotten komische Lieder singt. Das ist definitiv machbar. Und ich hoffe auf das Glück, diese Phase erreichen zu dürfen. Ab achtzig ist, glaube ich, jeder Tag ein Geschenk. Dann kann man Drogen nehmen, mit LSD anfangen, alles ist egal. Und dann sitzt man auf dem Acker und redet mit Gott. Der kommt eh demnächst. Ich werde es auch ein bisschen feiern, dass dieses Thema gesundes Leben und Fitness endlich abgeschlossen ist. Möglicherweise bekommt man schlimmere Krankheiten, weshalb man vielleicht ohnehin mehr Drogen nehmen und mehr Alkohol trinken muss, damit der pure Spaß ausbricht.

Wolfgang und ich sagen manchmal: Wir werden mit achtzig auf dem Drogenacker sitzen, aufs Meer und in den Himmel gucken. Für die 75 haben wir noch kein Bild und keinen Plan. Aber für die Jahre ab achtzig können wir etwas anbieten. Doch bis dahin haben wir ja noch ein bisschen Zeit. Und die wird jetzt richtig langsam vergehen. Weil wir sie so intensiv nutzen werden. Ich freue mich darauf!

Team Thomas: Mama Magdalena Hermanns

Die Meisterin darin, sich die Zeit so richtig schön zu machen, ist meine Mutter. Deshalb kommt sie jetzt auch noch mal am Schluss zu Wort.

Als bestes Vorbild von allen – und als Beweis, dass die beste Zeit genau jetzt kommt: mit sechzig.

So, liebe Mutter, wenn du an die Zeit von sechzig bis siebzig zurückdenkst: Was war denn da?
Da habe ich zum Beispiel Gymnastik gemacht und Tennis gespielt.

Also körperlich konnte man noch Sachen machen.
Ja, wie körperlich? Auch geistig! Du bist gut …

Geistig bist du ja heute noch fit wie ein Turnschuh. Und man ist doch eigentlich in einer ganz angenehmen Phase des Lebens, würde ich sagen: Die Kinder sind aus dem Haus und versorgt, man hat mehr Zeit und kann physisch, körperlich und geistig noch alles tun.
Ja, deshalb baut man auch seine Freizeit auf, seine Freizeitaktivitäten. Ich war zum Beispiel an einem Tag pro Woche Tennisspielen und anschließend in der Sauna. Da hatte ich den ganzen Tag für mich. Und dann haben Papa und ich in dieser Zeit auch viele Reisen unternommen. Das war wirklich toll! Papa hat immer gesagt: »Lieber jetzt, als wenn man es später nicht mehr kann.«

Für viele ist der Moment der Rente eine Umstellung. Auch für viele Paare, wenn man auf einmal gemeinsam zu Hause sitzt.
Die Kollegen vom Papa haben mich damals angerufen und

vorgewarnt. »Ach, Frau Hermanns, Sie tun mir jetzt schon leid!« Papa hat ja immer alles organisiert, er war der Chef.

Ein strenger Chef.

Am Anfang war ich froh, als der Papa bei der Arbeiterwohlfahrt freiwillig mithalf. Als Ehrenamt. Dafür hatte er dann ja Zeit. Da brach er morgens auf, als wenn er zur Arbeit ging. Aber wenn er nach Hause kam, ging es los: »Jetzt muss ich hier mal die Küche umräumen.« Das weiß ich noch. Da habe ich gefragt: »Wieso willst du das, wenn doch alles richtig ist, wie es steht? Du kannst das umstellen, aber dann kriegst du Zucker statt Salz auf die Kartoffeln.« Und er hatte am Anfang oft einen Ton, dass ich gesagt habe: »Hallo? Moment! Ich bin nicht deine Sekretärin.«

Darüber hat Loriot früher ganze Filme gedreht, dass die Männer erst mal lernen mussten, dass dieses Mehr an Zeit auch etwas Gutes ist. In deiner Generation war das, glaube ich, oft ein Problem.

Ja, vor allem, wenn ein Mann kein Hobby hat. Der Papa hat auch viel gelesen. Aber du kannst nicht den ganzen Tag lesen …

Das kann ich bestätigen. Ich bin der Sohn meines Vaters und lese auch viel und gern, aber den ganzen Tag – das kannst du nicht.

Und wir waren noch in der Rheinländer-Vereinigung. Da hatten wir unser Vereinsleben. Ich war im Vorstand als Schriftführerin und hatte meine Auftritte.

Also muss man sich rechtzeitig um Hobbys kümmern, die man dann ab sechzig vielleicht noch ausbauen kann.

Ja, unbedingt!

Weißt du noch, wie du deinen sechzigsten Geburtstag gefeiert hast?

Da waren wir mit Freunden verreist. Ich erinnere mich noch genau. Wir saßen zusammen, haben Kaffee getrunken, und es gab ein Gläschen Sekt zum Anstoßen. Dann ging das Telefon, und du warst dran und hast gesagt: »Herzlichen Glückwunsch zum Geburtstag! Schade, dass wir nicht dabei sein können. Aber das feiern wir nach … Warte, ich gebe dir mal die Petra!« Ich dachte: »Wieso? Wo seid ihr denn?« »Bei mir in Hamburg.« – »Ja, was tut die Petra denn in Hamburg?« Und in dem Moment fiel mir auf: Das klingt aber nah dran. Und es wurde immer lauter und lauter. Und plötzlich standet ihr beide vor mir. Da habe ich gedacht: »Das darf doch nicht wahr sein! Das war die größte Überraschung!«

So gingen die Sechziger los …

Ja, Wahnsinn, oder?

Und deshalb wird mein Sechzigster doppelt gefeiert – in Mexiko und in Berlin. Zweimal. Ich finde grundsätzlich, dass man die runden Geburtstage groß feiern muss. Sechzig bis siebzig ist eine gute Phase, wenn man gesund ist und die Zeit nutzt, die vielleicht nicht mehr so stark durch die Arbeit besetzt wird oder die Kinder. Dann kann man schöne Sachen machen. So schlimm ist es nicht.

Um Gottes willen, nee, nee. Das ist gar nix.

Das ist gar nix, und das heißt bei uns Rheinländern …

Dat wird jot!

Vielen Dank, das ist der wahre Untertitel für dieses Buch!

Da waren wir mit Freunden verreist. Ich erinnere mich noch genau. Wir saßen zusammen, haben Kaffee getrunken, und es gab ein Gläschen Sekt zum Anstoßen. Dann ging das Telefon, und du warst dran und hast gesagt: »Herzlichen Glückwunsch zum Geburtstag! Schade, dass wir nicht dabei sein können. Aber das feiern wir nach … Warte, ich gebe dir mal die Petra!« Ich dachte: »Wieso? Wo seid ihr denn?« »Bei mir in Hamburg.« – »Ja, was tut die Petra denn in Hamburg?« Und in dem Moment fiel mir auf: Das klingt aber nah dran. Und es wurde immer lauter und lauter. Und plötzlich standet ihr beide vor mir. Da habe ich gedacht: »Das darf doch nicht wahr sein! Das war die größte Überraschung!«

So gingen die Sechziger los …

Ja, Wahnsinn, oder?

Und deshalb wird mein Sechzigster doppelt gefeiert – in Mexiko und in Berlin. Zweimal. Ich finde grundsätzlich, dass man die runden Geburtstage groß feiern muss. Sechzig bis siebzig ist eine gute Phase, wenn man gesund ist und die Zeit nutzt, die vielleicht nicht mehr so stark durch die Arbeit besetzt wird oder die Kinder. Dann kann man schöne Sachen machen. So schlimm ist es nicht.

Um Gottes willen, nee, nee. Das ist gar nix.

Das ist gar nix, und das heißt bei uns Rheinländern …

Dat wird jot!

Vielen Dank, das ist der wahre Untertitel für dieses Buch!